ANNE'S
KITCHEN®
TO MY FAMILY

Anne Fabers Arbeit als Journalistin hat ihre Einstellung zum Kochen stark beeinflusst.

Die gebürtige Luxemburgerin zog es 2003 zum Studieren nach England. Nach einem Master-Abschluss in englischer Literatur am University College London, absolvierte sie ein Aufbaustudium in Journalismus an der renommierten City University in London, wo sie sich auf den Bereich Essen und Trinken spezialisierte.

Anne hat als TV-Produzentin für APTN, ZDF und RTL gearbeitet. Für das Magazin *Time Out London* hat sie sich als Restaurantkritikerin durch die Food-Szene Londons gegessen.

2010 begann sie ihren Blog "Anne's Kitchen", der 2013 von der Zeitschrift *Food & Wine* mit dem Digital-Food-Award ausgezeichnet wurde.

Seit September 2013 hat sie in ihrem Heimatland bei RTL Luxemburg ihre eigene Kochsendung.

ANNE FABER

ANNE'S KITCHEN®

www.anneskitchen.co.uk

EDITIONS SCHORTGEN

Introduction

Als ich 2010 mit meinem Blog anfing, hätte ich mir nie träumen lassen, dass daraus mal mein eigenes Kochbuch und eine Kochsendung im Fernsehen werden könnte, denn ursprünglich hatte ich meinen Blog „Anne's Kitchen" nur kreiert, um meine wachsende Rezeptsammlung mit Freunden und der Familie zu teilen und meine kulinarischen Abenteuer festzuhalten.

Seit jeher liebe ich es, zu fotografieren, und ich wollte, dass einem bei meinen Fotos das Wasser im Mund zusammenläuft. Also habe ich begonnen mit Licht, der richtigen Komposition und Food-Styling zu experimentieren. Als sich mein Blog immer mehr entwickelte und Fortschritte machte, hat es mir so sehr Spaß gemacht, dass ich mich dazu entschloss, meine Karriere in Richtung Food-Journalismus zu lenken. Mein Blog wurde zu meinem Portfolio und ich bekam meine ersten Jobs als Food-Stylistin, Rezeptentwicklerin und Food-Fotografin.

In den letzten Jahren habe ich in London als Restaurantkritikerin gearbeitet und Food-Features für zahlreiche TV-Sender produziert. Aber in all der Zeit hatte ich die Idee von einem übergreifenden Projekt in meinem Kopf. Etwas, das all meine Passionen vereinen würde: Kochen, Fotografieren, Filmen und Schreiben. Dieses Buch und die begleitende Fernsehsendung sind das Resultat. Es war ein wahnsinniges Projekt und ich war sehr froh, dieses mit alten und neuen Freunden zu teilen. Dadurch hat sich sogar zu meinen Nachbarn eine tiefe Freundschaft entwickelt, weil ich ihnen immer meine neusten Kreationen vorbeibrachte. Ich habe sehr viel dazugelernt und bin überglücklich mit dem Ergebnis.

Dieses Buch ist eine Hommage an meine Wahlheimat England. Vor ungefähr zehn Jahren bin ich für mein Studium dorthin gezogen und war sehr schnell dem britischen Charme und seinem Essen erlegen. Herzhafte Pies, knusprige Sonntagsbraten, himmlische 5-Uhr-Tees und unglaublich leckere Desserts; die Briten haben eine tolle Esskultur, die unbedingt besser erkundet werden muss. In diesem Buch findet ihr einige Rezepte mit einem luxemburgischen Twist, denn in diesem schönen, kleinen Ländchen bin ich aufgewachsen. Die luxemburgische Küche ist über die Grenzen hinaus nicht sehr bekannt und deshalb ist dies eine wunderbare Gelegenheit, die besonderen Geschmäcker Luxemburgs zu zeigen und britischen Klassikern eine luxemburgische Note zu verleihen.

Zum Schluss möchte ich dieses Buch London widmen. Diese Stadt hat mir so viele Möglichkeiten gegeben und meine Begeisterung fürs Kochen verstärkt. Ich hoffe dieses Buch bringt euch eine Menge kulinarischer Inspirationen und spornt euch zu einer Reise an. Eine Reise in meine Wahlheimat, wo ihr die aufregende Esskultur Londons entdecken könnt. Sie wartet auf euch!

Gudden Appetit and happy cooking!

Anne

City of Westminster
GANTON ST.
W.1

1818–1883
lived here
1851–56

OLD

Summary

My Essential Ingredients

In der britischen Küche verwendet man selten extrem ausgefallene Zutaten.
Doch es gibt einige englische Besonderheiten, die in meinen Rezepten immer wieder vorkommen.
Und davon habe ich mir einen Vorrat angelegt.

MEINE SPEISEKAMMER

Ale
Ale ist ein leicht bitteres Bier, da extra Hopfen zugefügt wird. Es gibt endlos viele Ale-Varianten in England; die dunklen Sorten eignen sich am besten zum Kochen.

Bicarbonate of Soda
In einigen Backrezepten wird Natron statt Backpulver verwendet. Der Unterschied ist sehr fein, aber äußerst wichtig. Natron wird oft in Rezepten mit sauren Zutaten wie z. B. Zitronensaft, Buttermilch oder Joghurt benötigt. Beim Backvorgang entstehen durch Natron Luftbläschen, so können die Backwaren aufgehen. Im Backpulver ist viel weniger Natron enthalten.

Cheddar
Der internationale Superstar unter den englischen Käsesorten ist eindeutig der Cheddar, ein blassgelber Hartkäse. Die Geschmacksskala reicht von mild bis ganz stark bei reifem Cheddar. Wenn ihr keinen Cheddar bekommt, ist reifer Gouda eine gute Alternative. Ihr könnt auch Gruyère, der etwas nussiger als Cheddar ist, oder Emmentaler verwenden.

Cider
In England wird viel Cider hergestellt, ein erfrischendes, alkoholisches Getränk aus vergorenen Äpfeln. Genau wie Ale ist Cider ein wichtiger Bestandteil der englischen Küche.

Cream
Die Sahne hat mir am Anfang wirklich Kopfzerbrechen bereitet. Ich erinnere mich, dass ich mal single cream zu Sahne schlagen wollte. Nach einer halben Ewigkeit hatte ich immer noch keine steife Sahne! Und warum? Weil single cream nicht „schlagbar" ist! Man sollte wissen, dass die Engländer mehrere Sorten Sahne haben. Single cream hat einen niedrigen Fettgehalt von 18%. Whipping cream hat 35% Fettgehalt und wird üblicherweise zum Sahneschlagen verwendet. Double cream hat sogar 48% Fettgehalt und ist dementsprechend noch schneller aufzuschlagen. Und mit einem Fettgehalt von 55% wird die clotted cream ungeschlagen zu den traditionellen Scones serviert. Wenn ich in meinen Rezepten Sahne verwende, meine ich damit eine mit genug Fettgehalt, dass sie zu Sahne geschlagen werden kann.

Fennel seeds
Ich verwende Fenchelsamen sehr gerne in meinen Rezepten. Das süße Aroma passt wunderbar zu Schweinefleisch, Kohl und Fisch. Englische Chutneys werden oft mit Fenchelsamen aromatisiert.

Malt Vinegar
Zu einem echten englischen Fish and Chips gehört ein Spritzer Malzessig.

Self-raising flour
Engländer bevorzugen zum Backen self-raising flour, eine Mehl-Mischung, die mit Backpulver angereichert ist. Diese Mischung ist in Großbritannien und Amerika weit verbreitet, aber in vielen anderen Ländern nicht erhältlich. Um die Mehl-Mischung selbst herzustellen, gilt die Faustregel: 2 TL Backpulver auf 120 g Mehl.

Smoked fish
Räucherfisch kommt in vielen englischen Rezepten vor; die beliebtesten sind Räuchermakrele, der hellgelbe geräucherte Schellfisch und warm geräucherter Lachs. Die beiden Letzten müssen vor dem Verzehr gekocht werden.

Stilton
Stilton ist ein leicht krümeliger englischer Blauschimmelkäse. Laut einer Studie, die 2005 vom British Cheese Board durchgeführt wurde, führt der Verzehr von Stilton vor dem Schlafengehen zu Albträumen. Alternativ könnt ihr auch Gorgonzola oder Roquefort verwenden.

Tea
Die Engländer sind als große Teetrinker bekannt. Wann auch immer ihr jemanden besucht, wird man euch eine Tasse Tee anbieten. Die bekanntesten Sorten sind English Breakfast und Earl Grey, die normalerweise beide mit Milch serviert werden. Da der Earl Grey über ein feines Bergamotte-Aroma verfügt, verwende ich ihn gerne in meinen Rezepten.

Treacle
Dieser schwarze Rübensirup ist raffinierter Zuckersirup mit einem sehr intensiven Geschmack – eine wirklich dunkle, klebrige Mischung, die in vielen Desserts verwendet wird. Wenn ihr keinen Treacle bekommt, könnt ihr auch Zuckerrübensirup verwenden.

Whisky
Whisky ist nicht nur zum Trinken da, sondern er eignet sich auch hervorragend zum Kochen. Je nach Whisky-Sorte bekommt euer Gericht eine rauchige Note oder ein Honigaroma. Achtung: Whiskysorten mit einer rauchigen Note eignen sich nicht gut zum Backen oder für süße Rezepte.

Worcestersauce
Diese Sauce soll den Geschmack gekochter Gerichte verstärken. Der Legende nach ist die beliebte Würzsauce durch puren Zufall entstanden. Ein Fass mit dieser Mixtur lag zwei Jahre unentdeckt in einem Keller im englischen Worcester. Als man es Anfang des 19. Jahrhunderts wiederfand, war die Flüssigkeit gereift und hatte sich zu dieser würzigen Sauce entwickelt. Mittlerweile gehört Worcestersauce schon zu den Grundnahrungsmitteln in Großbritannien.

INTERNATIONALE ZUTATEN

Chinese Chili Oil
Dieses rötliche Öl mit jeder Menge Chiliflocken steht in jedem chinesischen Restaurant bereits auf dem Tisch. Es sieht schärfer aus, als es tatsächlich ist, und gehört zu den wichtigsten Gewürzen der asiatischen Küche. Ihr findet es in Asialäden.

Garam Masala
Die Gewürzmischung ist in jeder indischen Küche zu finden. Sie wird hauptsächlich aus Zimt, Kardamom, Kreuzkümmel, Muskatnuss und schwarzem Pfeffer hergestellt. Das Verhältnis der einzelnen Gewürze ist unterschiedlich und jede indische Familie ist stolz auf ihr Hausrezept. In asiatischen Lebensmittelgeschäften solltet ihr die Mischung leicht bekommen.

Halloumi
Der salzige Käse stammt aus Zypern und wird aus Ziegen- und Schafsmilch hergestellt. Er eignet sich perfekt zum Braten oder Grillen, weil er nicht schmilzt, sondern eine gummiartige Konsistenz und ein knuspriges Äußeres bekommt.

Summer Savory
Bohnenkraut ist in England relativ unbekannt, aber eine wichtige Zutat der luxemburgischen Küche. In englischen Supermärkten habe ich es noch nie im Regal gefunden, also muss eine Alternative her. Getrockneter Oregano oder Thymian kommt dem Geschmack am nächsten.

Tahini
Sesampaste ist der Hauptbestandteil in einem ordentlichen Hummus und ist in jedem guten Bioladen oder in orientalischen Shops zu finden.

Thai fish sauce
Thailändisch kochen ist ohne diese Sauce unmöglich. Der scharfe Geschmack dient als Ausgleich zu den süßen und sauren Elementen der thailändischen Gerichte.

Vanilla Sugar
Fast alle meine süßen Rezepte benötigen Vanillezucker, eine wichtige Zutat in deutschen Backwaren. Auf dem Kontinent sind Vanillezucker-Päckchen in jedem Supermarkt zu finden, aber nicht so in England. Also stelle ich mir die Zuckerpäckchen selbst zusammen: 1 TL Vanillearoma auf 15 g Zucker.

Wonton wrappers
Die Herstellung dieser Teigblätter ist sehr aufwendig, daher kaufe ich fertige Wan-Tan-Blätter. Sie gehören zum Standardsortiment im Tiefkühlregal des Asialadens. Ich ziehe die weißen, runden Wan-Tan-Blätter den viereckigen, gelben vor, aber beide lassen sich gut verarbeiten.

Unter
der Woche trinke
ich morgens eigentlich
nur schnell eine Tasse Kaffee.
Aber wenn ich am Wochenende
mal Zeit habe, mir ein leckeres
Frühstück zuzubereiten, muss es
mit allem Drum und Dran sein. Und
dann zelebriere ich mein gemütli-
ches Sonntagsfrühstück
mit Zeitunglesen und
Relaxen.

Breakfast and Brunch

Fragt bloß nicht nach den Kalorien in einem typisch englischen Frühstück!
Und dennoch, ab und zu macht es wirklich Spaß, sich ein *full english breakfast* zu gönnen.
Lasst euch nicht davon abschrecken, wie viele verschiedene Dinge ihr dafür schon früh morgens zubereiten müsst. Wenn ihr es Stück für Stück angeht, ist es auch für Morgenmuffel durchaus machbar.

FULL ENGLISH BREAKFAST

ENGLISCHES FRÜHSTÜCK

4 Personen • Zubereitung 30 Min. • Garen 30 Min. • Etwas aufwendig

Für die Kartoffelpuffer:
2 Kartoffeln (300 g)
1 Zwiebel (100 g)
1 Ei
2 EL Mehl
½ TL Salz
1 TL Petersilie, gehackt
Sonnenblumenöl

8-12 kleine Frühstückswürstchen

2 Tomaten
1 TL Kräuter der Provence
8 Champignons
1 TL getrockneter Rosmarin
12 Scheiben Speck
8 Eier
140 ml Sahne
2 EL Schnittlauch, gehackt (nach Wunsch)
Baked Beans (Seite 18)
Salz und Pfeffer
4 Scheiben Toast

Zuerst die Kartoffelpuffer zubereiten. Kartoffeln und Zwiebel schälen, reiben und in eine Schüssel füllen. Ei, Mehl, Salz und Petersilie hinzufügen, gut vermischen. 30 Minuten ruhen lassen.

In der Zwischenzeit die restlichen Zutaten vorbereiten. Ein Backblech einfetten und die Würstchen darauf legen. In jedes Würstchen mit einer Gabel Löcher stechen.

Die Champignons putzen und vierteln. Die Tomaten halbieren und alles auf das Backblech legen. Kräuter der Provence über die Tomaten, Rosmarin über die Champignons streuen und beides salzen. Beiseitestellen.

Die Eier in einer Schüssel aufschlagen, Sahne und Schnittlauch hinzufügen, vermischen und mit Salz und Pfeffer würzen. Ebenfalls beiseitestellen.

Den Kartoffelteig nochmals verrühren, da sich Flüssigkeit am Boden abgesetzt hat.
Den Boden einer Bratpfanne mit genügend Sonnenblumenöl bedecken.
Das Öl erhitzen und testen, ob das Öl heiß genug ist. Dafür etwas Kartoffelteig in die Pfanne geben: Wenn Bläschen aufsteigen, ist es heiß genug. Pro Kartoffelpuffer 1 EL Teig in die Pfanne geben. Die Puffer von jeder Seite ca. 2 Minuten braten und auf einem mit Küchenpapier ausgelegten Teller abtropfen lassen. Wenn alle Puffer gebraten sind, die Kartoffelpuffer auf ein zweites Backblech legen.

Das Fett aus der Pfanne abgießen und die Pfanne wieder auf das Kochfeld stellen.
Sie wird später noch für das Braten des Specks gebraucht.

beans
SELECT
FEAST
SQUASH & BEAN (SWAP)
HARVEST
Drinks Menu

FULL ENGLISH BREAKFAST

Die Baked Beans in einen Topf geben und bei mittlerer Temperatur erhitzen. Dabei ab und zu umrühren.

Im Ofen die Back-Grill-Funktion einschalten. Den Ofen auf 150 °C erhitzen und den Grill auf höchster Stufe einstellen. Das Backblech mit den Kartoffelpuffern auf die untere Schiene und das Backbleck mit den Würstchen, Tomaten und Champignons 5 cm unter den Grill schieben. 8-10 Minuten grillen, dabei die Ofentür leicht geöffnet lassen.
(Die Grillzeit hängt von der Größe der Würstchen ab). Während dem Grillen die Würstchen einmal wenden.

In der Zwischenzeit den Speck in der Pfanne von den Kartoffelpuffern einige Minuten braten, bis er braun ist. Aus der Pfanne nehmen und auf 4 Teller verteilen. Dann die Rühreier in die gleiche Pfanne gießen und so lange rühren, bis es stockt. Auf die Teller aufteilen.

Das Brot toasten. Würstchen, Tomaten, Champignons und Kartoffelpuffer aus dem Ofen holen und auf die Teller verteilen. Ebenfalls die Baked Beans verteilen und mit Buttertoast servieren.

Ein englisches Frühstück ohne *Baked Beans*? Einfach undenkbar! Viele Menschen finden *Baked Beans* grauenvoll, weil sie sie nur aus der Dose kennen, aber lasst mich euch die Welt hinter den typischen Dosenbohnen zeigen – und ihr werdet euch in einem *Baked Beans*-Fan verwandeln.

BAKED BEANS

BAKED BEANS

4-6 Personen • Zubereitung 10 Min. • Garen 25 Min. • Einfach

1 Zwiebel
100 g Speck
1 rote Chili (nach Wunsch)
1 EL Sonnenblumenöl
2 Knoblauchzehen
400 g gehackte Tomaten (Dose)
1 EL Worcestersauce
1 EL Barbecuesauce (nach Wunsch)
1 TL Senf
1 TL Zucker
3 Thymianzweige
400 g weiße Bohnen (Dose) (235 g abgetropft)
Salz und Pfeffer

Zwiebel schälen und fein hacken. Speck und Chili ebenfalls fein hacken. Das Öl in einen großen Topf geben und Zwiebeln, Speck und Chili darin bei mittlerer Hitze 4 Minuten andünsten, bis die Zwiebeln glasig sind. Den Knoblauch schälen, pressen, zu den Zwiebeln geben und 1 weitere Minute dünsten.

Tomaten, Worcestersauce, Barbecuesauce, Senf, Zucker und Thymian hinzufügen und mit Salz und Pfeffer würzen. 5 Minuten kochen lassen, dann die Bohnen hinzufügen. Abdecken und bei mittlerer Hitze weitere 4 Minuten kochen lassen, dabei ab und zu umrühren.

Den Deckel vom Topf nehmen und weitere 4 Minuten kochen lassen.

TIPP

Baked Beans muss man nicht zum Frühstück essen, sie passen zu jeder Mahlzeit: Ich mache daraus gerne eine Füllung für Ofenkartoffeln oder esse sie auf einem Toast.

HP
SAUCE

Das Geheimnis dieses Sandwiches liegt im Speck: dünne durchwachsene Speckscheiben, die beim Braten kross und knusprig werden und etwas dickerer Rückenspeck, der eine fleischigere Struktur hat. Kombiniert die Aromen von geräuchertem und ungeräuchertem Fleisch mit einem Klecks würziger HP-Sauce und ihr habt das beste Mittel gegen einen Kater.

BACON SANDWICH

BACON-SANDWICH

Ergibt 2 Sandwiches • Zubereitung 10 Min. • Schnell & Einfach

6 durchwachsene Speckscheiben, geräuchert
4 Rückenspeckscheiben, ungeräuchert
2 Ciabattarollen
ein kleines Stück Butter
2 EL HP-Sauce
4 Blätter Eisbergsalat

Die durchwachsenen Speckscheiben in einer Pfanne auf beiden Seiten goldbraun und knusprig braten, auf Küchenpapier abtropfen lassen und beiseitestellen.

Dann die fleischigen Rückenspeckscheiben einige Minuten auf beiden Seiten goldbraun braten.

Die Ciabattarollen halbieren und toasten.

Jeweils eine Ciabattahälfte mit Butter bestreichen, mit 2 Rückenspeckscheiben und 3 durchwachsenen Speckscheiben belegen. Mit frisch gemahlenem Pfeffer würzen, einen Klecks HP-Sauce darauf verteilen, 2 Eisbergblätter darauf legen und mit der anderen Ciabattahälfte abdecken.

Speck und Ahornsirup? Das kann doch nicht schmecken. Glaubt ihr?! Es ist eine der besten süß-salzigen Kombinationen, die es gibt. Ich konnte schon viele Skeptiker von diesem Rezept überzeugen, jetzt seid ihr dran!

PANCAKES WITH BACON AND MAPLE SYRUP

PANCAKES MIT SPECK UND AHORNSIRUP

4 Personen (ca. 12 Pancakes) • Zubereitung 20 Min. • Garen 10 Min. • Ruhen 20 Min. • Einfach

- 30 g Butter + Butter zum Braten
- 1 EL Vanillezucker
- 2 Eier
- 225 g Mehl
- 1 EL Backpulver
- eine Prise Salz
- 300 ml Milch
- 8 Scheiben Speck
- Ahornsirup zum Servieren

Die Butter schmelzen und in einer Schüssel mit dem Vanillezucker und den Eiern vermischen.

Mehl, Backpulver und Salz in einer separaten Schüssel mischen.

Die Hälfte der Mehl-Mischung zu der Eier-Mischung geben und mit einem Schneebesen verrühren. Dann wieder etwas Milch hinzufügen und nochmal verrühren.
Diesen Schritt nochmal wiederholen, sodass alles aufgebraucht ist.

Den Teig beiseitestellen und 20 Minuten ruhen lassen.

Ein kleines Stück Butter in einer Pfanne schmelzen und pro Pancake 2-3 EL Teig in die Pfanne geben, sodass sich kleine Fladen bilden. Die Pfannkuchen so lange auf mittlerer Hitze backen, bis sich auf der Oberseite Blasen bilden, dann den Pfannkuchen wenden und nochmal 1 Minute backen.

In der Zwischenzeit die Speckscheiben in einer separaten Pfanne goldbraun und knusprig braten und auf Küchenpapier abtropfen lassen.

Die fertigen Pancakes auf einem Teller aufeinanderstapeln, mit den Speckscheiben belegen und mit Ahornsirup übergießen.

TIPP

Damit die fertigen Pancakes nicht auskühlen, im Ofen bei 150 °C Umluft warm halten.
Falls ihr nicht die ganze Portion auf einmal schafft, könnt ihr die Pancakes im Kühlschrank aufbewahren und nochmal auftoasten.

CENTRAL LONDON

♥ ♥ ♥

Im Herzen Londons zu flanieren ist wie in ein Märchen einzutauchen. Westminster, Big Ben und Trafalgar Square: die klassischen Sehenswürdigkeiten sind alle bequem zu Fuß zu erreichen. Und wenn ihr müde werdet, könnt ihr euch von einem der kultigen roten Doppeldecker-Busse durch die Gegend chauffieren lassen.

Ripley's

Brot backen ist normalerweise ein schwieriges Vorhaben. Es verlangt Können, Geduld und viel Kneten. Sodabrot ist da ganz anders: Es geht schnell, ist einfach und leicht zu machen, hat aber den gleichen Wow-Effekt. Also ein großes "Hurra" auf die Iren, die dieses fantastisch einfache Brot erfunden haben.

SODA BREAD

IRISCHES SODABROT

Ergibt 1 Brot • Zubereitung 10 Min. • Backen 35-40 Min. • Einfach

250 g weißes Mehl
250 g feines Vollkornmehl
100 g Haferflocken
1 TL Natron
1 TL Salz
25 g Butter,
in kleinen Stücken
500 ml Buttermilch

Den Ofen auf 200°C Umluft vorheizen.

Die trockenen Zutaten in einer großen Schüssel vermischen. Die Butter hinzufügen und alle Zutaten mit den Händen vermengen. Buttermilch hinzufügen und alles vorsichtig mit einem Holzlöffel vermischen.

Aus dem Teig einen runden Brotlaib von ca. 20 cm Durchmesser formen.

Den Laib auf ein mit Backpapier belegtes Blech legen.

Mit einem Messer ein tiefes Kreuz oben in den Brotlaib einritzen und 35 Minuten backen.

Das Brot ist fertig, wenn es beim Klopfen auf die Unterseite hohl klingt. Ist das Brot nach 35 Minuten noch nicht durchgebacken, das Brot umdrehen und weitere 5 Minuten backen.

Das warme Brot auf ein Rost legen und auskühlen lassen.

TIPP

Sodabrot schmeckt frisch sehr lecker, lässt sich auch gut am nächsten Tag auftoasten oder bis zu einem Monat einfrieren.

Ich kann mir nichts Gemütlicheres vorstellen, als den Tag mit einer Schüssel Porridge und einer Tasse Tee zu beginnen. Für meinen "Porridge de lux" verwende ich klassischen Earl-Grey-Tee, lasse die Früchte darin köcheln und verfeinere den Haferflockenbrei mit einer zarten Vanillenote. Welch herrlicher Genuß am frühen Morgen!

EARL GREY STEWED FRUIT WITH VANILLA PORRIDGE

VANILLEPORRIDGE MIT EARL-GREY-KOMPOTT

6 Personen • Zubereitung 20 Min. • Garen 15 Min. • Einfach

Für das Kompott:
400 ml Wasser
2 Earl-Grey-Teebeutel
150 g Zucker
2 Birnen
10 getrocknete Aprikosen
30 g getrocknete Preiselbeeren
10 Backpflaumen

Für den Porridge:
220 g Haferflocken
1,4 l Milch
4 EL Zucker
eine Prise Salz
1 Vanilleschote

400 ml Wasser zum Kochen bringen, in einen Topf gießen und die Teebeutel hineingeben. Den Topf zudecken und 5 Minuten ziehen lassen.

In der Zwischenzeit die Birnen schälen, vierteln, entkernen und in kleine, mundgerechte Stücke schneiden. Aprikosen und Backpflaumen halbieren.

Teebeutel aus dem Sud nehmen und Zucker, Birnen, Aprikosen und Preiselbeeren hineingeben. Alles 4 Minuten köcheln lassen, dann die Backpflaumen hinzufügen und nochmal 3 Minuten köcheln lassen, bis die Birnen gar sind.

Die Früchte mit einem Schaumlöffel herausnehmen und in eine Schüssel legen. Die Hitze wieder erhöhen und den Sud 8 Minuten kochen lassen, sodass sich die Flüssigkeit reduziert und ein Sirup entsteht.

In der Zwischenzeit den Porridge zubereiten. 200 g Haferflocken in einen Topf geben und Milch und Zucker hinzufügen. Die Vanilleschote längs aufschlitzen, das Mark herauskratzen und sowohl die Schote als auch das Mark zum Porridge hinzufügen. Alles kurz aufkochen lassen, dann die Hitze verringern, die restlichen 20 g Haferflocken hinzufügen und weitere 2 Minuten ziehen lassen. Dabei immer umrühren.
Die Vanilleschote entfernen und den Porridge vor dem Servieren eine Minute ruhen lassen.

Den Porridge mit dem Früchtekompott garnieren und mit ein wenig Sirup beträufeln.

TIPP

Wenn ihr es morgens eilig habt, bereitet das Früchtekompott einfach schon am Vortag zu und erwärmt es zum Frühstück. Oder bestreut den Porridge nur mit braunem Zucker und etwas Zimt.

Genau wie der Geschmack dieser Muffins - so muss ein Frühstück im Paradies schmecken! Meinen ersten Heidelbeermuffin habe ich mit 16 gegessen, auf einer Reise an die amerikanische Westküste, und seitdem bin ich süchtig danach. Da es relativ schwierig ist, richtig gute Heidelbeermuffins zu kaufen, mache ich sie einfach selbst. Einziges Problem: Wenn ihr einmal angefangen habt diese Muffins selbst zu backen, werdet ihr nie wieder gekaufte essen wollen.

BLUEBERRY MUFFINS

HEIDELBEERMUFFINS

Ergibt 9 Muffins oder 18 Cupcakes • Zubereitung 30 Min. • Backen 30 Min. • Einfach

- 160 g Heidelbeeren, gefroren
- 110 g weiche Butter
- 100 g braunen Zucker
- 90 g Zucker
- 1 EL Vanillezucker
- 1 Ei
- 180 g Mehl + zum Wenden
- 60 g Haferflocken
- 1 TL Backpulver
- 1 TL Natron
- ½ TL Salz
- 240 ml Buttermilch

Eine Hälfte der Heidelbeeren auftauen und mit einer Gabel zerdrücken. Die andere Hälfte der gefrorenen Beeren in 1 TL Mehl wenden und wieder zurück in den Tiefkühler stellen.

Den Ofen auf 180 °C Umluft vorheizen. Eine Muffinform mit 9 großen Muffin-Papierförmchen auslegen oder 18 kleine Cupcake-Förmchen verwenden.

Butter, Zucker und Vanillezucker in eine große Schüssel geben und mit einem elektrischen Rührgerät vermischen. Das Ei hinzufügen und aufschlagen. Dann die zerdrückten Heidelbeeren hinzufügen und ebenfalls kurz verrühren, aber nicht zu viel, damit die Masse nicht überarbeitet wird.

In einer zweiten Schüssel Mehl, Haferflocken, Backpulver, Natron und Salz vermengen. Die Hälfte der trockenen Zutaten zu der Eimasse geben und mit dem Rührgerät vermischen.
Dann die Hälfte der Buttermilch hinzufügen und nochmals verrühren.
Mit den restlichen Zutaten genauso verfahren.

Zum Schluss den Großteil der gefrorenen Heidelbeeren in den Teig geben. Einige Beeren für die Verzierung beiseitestellen. Den Teig mit den Beeren vorsichtig vermischen, sodass alles gut verrührt ist.

2 EL Teig in jede Muffinform füllen (oder 1 EL pro Cupcake-Form). Muffins 30 Minuten backen (oder 20 Minuten Backzeit bei den kleineren Cupcakes).

Die fertigen Muffins aus dem Ofen holen und auf einem Kuchengitter abkühlen lassen.

TIPP

Muffins lassen sich auch gut einfrieren. Wenn ihr sie morgens zum Frühstück essen möchtet, einfach am Vorabend auftauen.

Es geht doch nichts über einen fröhlichen und gesunden Start in den Tag und dafür ist dieses selbst geröstete Knuspermüsli genau das Richtige. Fruchtiges Rhabarberkompott, cremiges Vanillejoghurt und kerniges Müsli – das ist ein absolutes Power-Frühstück. Oder ihr stellt euch ein ganz persönliches Müsli mit euren Lieblingsnüssen zusammen. Das *Granola* könnt ihr auch gut in einem verschlossenen Gefäß ein paar Wochen aufheben – oder als *food-give-away* verschenken.

RHUBARB VANILLA POTS WITH GRANOLA

KNUSPERMÜSLI MIT VANILLEJOGHURT UND RHABARBER

4-6 Personen • Zubereitung 20 Min. •Backen 30 Min. • Etwas aufwendig

Für das Müsli:
150 g Haferflocken
30 g gehobelte Mandeln
30 g Pekannüsse
30 g ganze Mandeln oder Cashewnüsse
½ TL Zimt
50 ml Apfelsaft
50 ml Ahornsirup
1 EL Sonnenblumenöl
1 TL Vanillearoma
½ TL Salz

Für das Rhabarberkompott:
400 g Rhabarber
2 kleine Äpfel (Braeburn)
50 ml Apfelsaft
30 g Zucker

300 g Vanillejoghurt

Zuerst das Knuspermüsli zubereiten. Den Ofen auf 160 °C Umluft vorheizen.

Die Nüsse grob hacken. Haferflocken, Nüsse und Zimt in einer großen Schüssel vermengen. Apfelsaft, Ahornsirup, Sonnenblumenöl, Vanillearoma und Salz verrühren und über die trockenen Zutaten geben. Alles gut vermischen und gleichmäßig auf ein mit Backpapier ausgelegtes Blech verteilen.

Im Ofen 30 Minuten rösten. Dabei alle 10 Minuten durchmischen, sodass alles gleichmäßig backt.

Während das Müsli im Ofen ist, das Kompott zubereiten. Rhabarberenden abschneiden, Stangen schälen und in 1 cm große Würfel schneiden. Äpfel schälen, Gehäuse entfernen und ebenfalls in 1 cm große Würfel schneiden.

Die Früchte mit dem Apfelsaft und Zucker in einen Topf geben. Abdecken und 8 Minuten kochen lassen. Dabei ab und zu umrühren. Danach den Deckel vom Topf nehmen und weitere 12 Minuten kochen, bis das Obst weich und die Flüssigkeit verdampft ist.

Rhabarberkompott und Müsli abkühlen lassen. Dessertgläser bereitstellen. Ein paar Esslöffel Kompott, dann eine Schicht Vanillejoghurt hineingeben und zum Schluss mit Müsli bestreuen.

TIPP

Wer keinen Rhabarber mag, kann auch Apfelkompott verwenden (Seite 238, Apfel-Zimt-Syllabub).

Ideal für Langschläfer: Knuspermüsli und Kompott am Vortag zubereiten. Dann gemütlich aufstehen, die Gläser füllen und ... guten Morgen Sonnenschein!

Der ultimativ gesunde Start in den Tag. Natürlich könnt ihr auch frische Früchte verwenden, aber ich finde, dass die gefrorenen Beeren dem Smoothie eine besondere Konsistenz geben. Was die Früchtemischung betrifft, so sind eurer Phantasie keine Grenzen gesetzt. Testet einfach die unterschiedlichsten Kombinationen: Erdbeere & Banane, Ananas & Mango ... herrlich erfrischend!

BREAKFAST SMOOTHIE

FRÜHSTÜCKS-SMOOTHIE

2 Personen • Zubereitung 5 Min. • Schnell & Einfach

100 g Heidelbeeren, gefroren
100 g Himbeeren, gefroren
4 EL Joghurt
200 ml Apfelsaft

Alle Zutaten im Mixer bis zur gewünschten Konsistenz mixen.

Ich
koche unglaublich
gerne richtig aufwendige
Menüs, aber meistens muss
es doch schnell gehen. In diesem
Kapitel findet ihr die Suppen, Salate,
Pies und Nudelgerichte, die ich am
liebsten mag. Alle Rezepte sind
leicht zuzubereiten und können
als schnelles Abendessen unter
der Woche einfach fix
hergezaubert werden.

Everyday Cooking

Wenn die Tage kälter werden und London zu einem grauen, deprimierenden Ort wird, liebe ich es, mich in eine Decke zu kuscheln, diese Suppe zu löffeln, und den Regen zu beobachten, wie er gegen mein Fenster prasselt.

BROCCOLI STILTON SOUP

BROKKOLISUPPE MIT STILTON

4 Personen • Zubereitung 20 Min. • Garen 35 Min. • Einfach

25 g Butter
1 Zwiebel
600 g Brokkoli
1 l Gemüsebrühe
200 ml Weißwein
100 g Stilton
(oder Gorgonzola)
50 ml Sahne
Pfeffer

Die Butter in einem großen Topf schmelzen.

Zwiebel schälen, fein hacken, zur Butter geben und bei mittlerer Hitze 5 Minuten dünsten, bis sie glasig sind.

Brokkoli in kleine Stücke schneiden, zu den Zwiebeln geben und mit Gemüsebrühe und 100 ml Weißwein übergießen.

Den Topf zudecken und alles zum Kochen bringen. Anschließend die Hitze verringern und 20 Minuten weiter köcheln lassen, bis der Brokkoli gar ist.

Topf vom Herd nehmen, den Deckel entfernen und die Suppe 10 Minuten abkühlen lassen.

Die Suppe mit einem elektrischen Handmixer pürieren. Käse zerkrümeln und der Suppe hinzufügen. Alles verrühren, bis der Käse geschmolzen ist, und nochmal pürieren, bis die Suppe schön sämig ist.

Die Suppe nochmal auf mittlerer Temperatur erhitzen. Die restlichen 100 ml Weißwein und die 50 ml Sahne zugeben. Wenn die Suppe etwas dünner sein soll, einfach etwas Wasser hinzugeben.
Suppe nochmal kurz aufkochen, mit Pfeffer würzen, vom Herd nehmen und servieren.

Mit knusprigem Brot oder Buttercroutons servieren.

A.SPIELSINGER LTD

Diese Suppe schmeckt einfach phantastisch. Schuld daran könnte natürlich die viele Butter sein, aber glaubt mir, ab dem ersten Löffel ist euch das völlig egal. Die süßen Karotten, das exotische Aroma von Curry und Kreuzkümmel, die weiche, sämige Konsistenz – einfach perfekt.

CURRIED CARROT SOUP

KAROTTENSUPPE MIT CURRY

4-6 Personen • Zubereitung 20 Min. • Garen 40 Min. • Einfach

2 kleine Zwiebeln
1 kg Karotten
100 g Butter
2 TL Kreuzkümmel
3 Knoblauchzehen
1 TL Currypulver
600 ml Geflügel- oder Gemüsebrühe
1 TL Thymian
1 Lorbeerblatt
Salz und Pfeffer

Petersilie zum Garnieren

Zwiebeln und Karotten schälen und grob zerkleinern.

Die Butter in einem großen Topf schmelzen. Zwiebeln und Karotten hinzufügen und bei mittlerer Hitze 5 Minuten andünsten.

In der Zwischenzeit den Kreuzkümmel in einer Pfanne fettfrei rösten und beiseitestellen.

Knoblauchzehen schälen, pressen, zu den Karotten und Zwiebeln geben und 1 weitere Minute garen.

Den Kreuzkümmel und das Curryulver hinzufügen und weitere 2 Minuten garen.

Brühe, Thymian und Lorbeerblatt hinzufügen und zum Kochen bringen. Anschließend die Hitze reduzieren und bei geschlossenem Deckel 30 Minuten köcheln lassen.

Das Lorbeerblatt herausnehmen, die Suppe 5 Minuten abkühlen lassen und im Mixer pürieren, bis sie schön sämig ist. Zurück auf das Kochfeld stellen.
Noch einmal aufkochen lassen und mit Salz und Pfeffer würzen.

In Schüsseln füllen und mit frischer Petersilie bestreuen.

TIPP — Als Beilage kann man Wurströllchen (Seite 188) servieren.

Diese Suppe schmeckt für mich nach Frühling – der zarte Geschmack von Erbsen, kombiniert mit frischer Minze, funktioniert perfekt. Knusprig gebratener Speck verleiht vielen Gerichten das gewisse Etwas, und in diesem Fall macht es aus einer einfachen Suppe eine Delikatesse.

PEA AND MINT SOUP WITH CRISPY BACON

ERBSEN-MINZ-SUPPE MIT KNUSPRIGEM SPECK

4 Personen • Zubereitung 20 Min. • Garen 20 Min. • Einfach

20 g Butter
1 Zwiebel
1 Knoblauchzehe
700 g Erbsen, gefroren
700 ml Gemüsebrühe
250 ml Weißwein
3 EL frische Minze, gehackt
50 ml Sahne
4 Scheiben Speck oder Parmaschinken
Salz und Pfeffer

Die Zwiebel schälen und fein hacken.

In einem großen Topf die Butter schmelzen. Zwiebeln hinzufügen und bei mittlerer Hitze 5 Minuten dünsten, bis sie glasig sind.

Knoblauch schälen und fein hacken, zu den Zwiebeln geben und eine weitere Minute dünsten.

Erbsen, Gemüsebrühe und Wein hinzufügen. Abdecken und 15 Minuten köcheln lassen.

In der Zwischenzeit Speck in einer Pfanne knusprig braten und auf Küchenpapier abtropfen lassen.

Wenn die Suppe fertig gekocht ist, Minze und Sahne hinzufügen, mit Salz und Pfeffer würzen und vom Kochfeld nehmen.

Mit einem elektrischen Handmixer die Erbsensuppe pürieren und durch ein Sieb passieren.

TIPP Vegetarische Alternative: Feta über die Suppe bröseln.

SOHO

♥ ♥ ♥

Soho ist bekannt für West-End-Shows, Medienleute und eine sich stark entwickelnde Gastroszene. Außerdem gibt es hier jede Menge Pubs, Bars und Clubs. Der richtige Ort, um völlig abzutauchen.

CARNABY 2013
WELCOME TO
CARNABY STREET
BOSS
VANS
ELEVENPARIS

Rosenkohl – entweder geliebt oder gehasst. Ich gehöre zu den Menschen, die diese kleinen Winterknospen wirklich mögen. Diese Varietät des Gemüsekohls wächst an langen Stängeln in die Höhe und hat einen süßen, nussigen Geschmack, den aber viele als beißend scharf empfinden. Mein neuestes Rosenkohlrezept ist, ihn im Backofen zu rösten, so bekommen die Kohlblätter eine gewisse Knusprigkeit.
Sehr lecker, aber definitiv nichts für Rosenkohl-Hasser!

SALAD OF BRUSSELS SPROUTS FETA AND APPLE

SALAT VON GERÖSTETEM ROSENKOHL MIT ÄPFELN UND FETA

4 Personen • Zubereitung 15 Min. • Backen 20 Min. • Einfach

500 g Rosenkohl
10 EL Olivenöl
200 g Rucola
2 Äpfel
200 g Feta
2 Handvoll Walnüsse
4 EL Balsamico-Essig
Salz und Pfeffer

Den Ofen auf 200 °C Umluft vorheizen.

Die Rosenkohlröschen waschen, das Ende abschneiden, die äußeren Blätter entfernen und halbieren.

Auf ein Backblech geben, mit 6 EL Olivenöl beträufeln und das Blech schwenken. Alles mit Salz und Pfeffer würzen und 20 Minuten im Ofen backen.

Wenn der Rosenkohl gar ist, aus dem Ofen nehmen und den Salat zubereiten.

Rucola auf 4 Teller verteilen. Die Äpfel waschen, das Gehäuse entfernen, in dünne Scheiben schneiden und auf dem Salat verteilen.

Den warmen Rosenkohl auf dem Salat anrichten und mit zerbröseltem Feta und Walnüssen bestreuen.

Jeden Teller mit 1 EL Olivenöl und 1 EL Balsamico-Essig beträufeln und servieren.

Diesen schönen Wintersalat könnt ihr ganz auf die Schnelle herzaubern. Die Süße der Roten Bete und das Rauchige der Makrele passen perfekt zusammen und erhalten noch eine besondere Note durch die Sahnemeerrettich-Vinaigrette. Ein herrlich leichtes Essen oder eine wunderbare Vorspeise.

BEETROOT AND MACKEREL SALAD

ROTE-BETE-SALAT MIT MAKRELE

4 Personen • Zubereitung 10 Min. • Einfach

Für das Dressing:
½ TL Honig
1 EL Weißweinessig
1 EL Sahnemeerrettich
3 EL griechischer Joghurt oder Crème fraîche
½ TL Zitronensaft
Pfeffer

300 g junge Salatblätter
400 g gekochte Rote Bete
150 g Radieschen
4 geräucherte Makrelen oder Forellenfilets

In einer kleinen Schüssel Honig und Weißweinessig verrühren, bis sich der Honig fast aufgelöst hat. Sahnemeerrettich, griechischen Joghurt oder Crème fraîche und Zitronensaft hinzufügen und pfeffern.

Den Salat auf vier Teller verteilen.

Die Rote Bete in Würfel, die Radieschen in Scheiben schneiden und auf dem Salat verteilen.

Die Makrelenfilets von der Haut befreien, in mundgerechte Stücke schneiden und ebenfalls auf dem Salat verteilen.

Den Salat mit dem Dressing beträufeln.

Mit knusprigem Brot servieren.

TIPP Vegetarische Alternative: Makrele durch weichen Ziegenkäse ersetzen.

Dieser Salat wird sogar die größten Salat-Skeptiker überzeugen! Der pfeffrige Rucola harmoniert toll mit den karamellisierten Pekannüssen und dem zarten Fenchelaroma.
Getoppt wird der Geschmack noch mit einer herrlichen Paradiesfrucht. Die ungefähr 400 Kerne in einem Granatapfel schmecken exotisch und sind äußerst gesund. Also, willkommen im Salathimmel!

ROCKET SALAD WITH CARAMELIZED PECANS AND POMEGRANATE

RUCOLASALAT MIT KARAMELLISIERTEN PEKANNÜSSEN UND GRANATAPFEL

4 Personen • Zubereitung 20 Min. • Garen 5 Min. • Einfach

30 g Zucker
eine Prise Salz
60 g Pekannüsse
1 kleine Knolle Fenchel
1 Granatapfel
100 g Rucola
4 EL Olivenöl
4 EL Balsamico

Den Zucker mit einer Prise Salz in einer Pfanne bei mittlerer Hitze schmelzen.

Nach ungefähr 1 Minute ist der Zucker flüssig. Nach 1 weiteren Minute die Pekannüsse hinzufügen und umrühren, sodass sich Nüsse und Karamell gut vermischen.
Wenn die Nüsse schön golden geröstet sind, vom Kochfeld nehmen.

Nüsse auf ein Blatt Backpapier legen und 15 Minuten abkühlen lassen.

Fenchel putzen und in dünne Scheiben schneiden.

Granatapfel halbieren und entkernen.

Den Rucola auf 4 Teller verteilen und mit Fenchel, Granatapfelkernen und karamellisierten Pekannüssen garnieren.

Jede Portion mit 1 EL Olivenöl und 1 EL Balsamico beträufeln.

TIPP

Wenn ihr keinen Granatapfel bekommt, könnt ihr auch Preiselbeeren verwenden.
40 g getrocknete Preiselbeeren in eine kleine Schüssel füllen, mit kochendem Wasser übergießen und 10 Minuten einweichen. Abtropfen und über den Salat streuen.

Moment mal, ein warmer Salat? Ist das jetzt das Winter-Äquivalent zu einer kalten Suppe im Sommer? Ja, genau! Es ist einer meiner absoluten Favoriten unter den Wintersalaten. Voller Vitamine und Aromen, wobei die Chili noch etwas Schärfe liefert. Für den nötigen Crunch füge ich noch ein paar Cashewnüsse hinzu. Natürlich kann man auch Pinienkerne oder Walnüsse verwenden. Also los, genießt euer Wintergrünzeug!

WARM BROCCOLI AND SPINACH SALAD

WARMER BROKKOLI-SPINAT-SALAT

2 Portionen als Hauptgang / 4 Portionen als Vorspeise • Zubereitung 20 Min. • Einfach

200 g Kirschtomaten
3 EL Olivenöl
1 TL Kräuter der Provence
200 g Tenderstem Brokkoli (oder normaler Brokkoli)
40 g Cashewnüsse
1 milde, rote Chili
1 Knoblauchzehe, gepresst
2 TL Kapern
6 Handvoll junger Spinat
Saft von ½ Zitrone
Salz und Pfeffer

Den Ofen auf 200 °C Umluft vorheizen.

Die Tomaten waschen und in eine Backform geben. Mit 1 EL Olivenöl beträufeln und den Kräutern der Provence und einer Prise Salz bestreuen. 15 Minuten backen. Nach der Hälfte der Backzeit die Form einmal leicht schütteln.

Den Brokkoli waschen und in einem Topf mit Salzwasser 5 Minuten kochen, bis er gar ist. Abtropfen lassen und beiseitestellen.

Die Cashewnüsse fettfrei in einer Pfanne rösten, bis sie goldbraun sind, und beiseitestellen.

Die Chilischote halbieren, Kerne entfernen und fein hacken. Die restlichen 2 EL Olivenöl in einer großen Pfanne erhitzen und Chili, Knoblauch und Kapern hinzufügen und kurz anbraten. Den Spinat hinzufügen und mit Salz und Pfeffer würzen. Sobald der Spinat zusammenfällt, auf zwei Tellern anrichten.

Den Salat mit Tomaten, Brokkoli und Cashewnüsse garnieren und dem Zitronensaft beträufeln.

Mit knusprigem Brot servieren.

TIPP

Mit einem pochierten Ei oder einem Spiegelei zum Salat könnt ihr diese Vorspeise in einen Hauptgang verwandeln.

Ofenkartoffeln sind ein Essen für die Seele. Mit *Baked Beans*, Chili con Carne oder mit Käse überbacken hat man schnell eine einfache Mahlzeit. Als ich nach England kam, habe ich mich in Süßkartoffeln verliebt – ihr orangefarbenes, süßes Fruchtfleisch ist einfach unwiderstehlich. Um die Prozedur zu beschleunigen, erhitze ich die Kartoffeln zuerst in der Mikrowelle und später weiter im Ofen, um eine knusprige Schale zu bekommen. Das süße Fruchtfleisch der Kartoffel passt herrlich zu der rauchigen, deftigen Chorizo und dann noch ein Klecks Crème fraîche dazu, hmmm ... einfach himmlisch!

BAKED SWEET POTATOES WITH CHORIZO

OFEN-SÜSSKARTOFFEL MIT CHORIZO

2 Personen • Zubereitung 10 Min. • Backen 15 Min. • Einfach

2 Süßkartoffeln (je 300 g)
80 g Chorizo
2 EL Rotweinessig
1 TL Honig
4 EL Crème fraîche
Salz und Pfeffer

Den Ofen auf 200°C Umluft vorheizen.

Die Süßkartoffeln waschen und mit einer Gabel ein paar Löcher hineinstechen. In der Mikrowelle auf hoher Stufe 7 Minuten erhitzen, dabei ein paarmal umdrehen.

Danach 15 Minuten im Ofen backen oder so lange, bis man leicht mit einem Messer hineinstechen kann.

Die Haut von der Chorizo entfernen, in dünne Scheiben schneiden und vierteln. Chorizowürfel einige Minuten knusprig braten. Das Fett abgießen, zurück auf das Kochfeld stellen und Rotweinessig und Honig hinzufügen. Noch ein paar Minuten köcheln lassen, bis die Chorizo mit einem dickflüssigen Sirup bedeckt ist. Dann beiseitestellen.

Wenn die Kartoffeln fertig sind, längs halbieren und mit Salz und Pfeffer würzen. Mit einem Klecks Crème fraîche und der Chorizo servieren.

Dazu passt ein frischer grüner Salat.

TIPP Natürlich könnt ihr das Rezept auch mit normalen Kartoffeln zubereiten.

Rarebit? *Rabbit*? Nein, mit einem Kaninchen hat dieser Snack nichts zu tun. Dieses Käsetoast ist der absolute Hammer, denn der Käse wird mit einem Schuss Bier verfeinert und schmeckt geschmolzen richtig lecker. Der perfekte Mitternachtssnack, wenn ich spätabends aus dem Pub nach Hause komme.

WELSH RAREBIT

WALISISCHES KÄSETOAST

4 Personen • Zubereitung 15 Min. • Backen 2 Min. • Einfach

25 g Butter
25 g Mehl
100 ml dunkles Bier (z. B. Guinness)
150 g reifer Cheddar, gerieben
2 Eigelb
1 TL Senf
4 TL Worcestersauce
Salz und Pfeffer
4 Scheiben Vollkornbrot

Den Ofengrill auf höchster Stufe vorheizen.

Die Butter in einem Topf schmelzen, das Mehl hinzufügen und bei schwacher Hitze 1 Minute anschwitzen, dabei ständig umrühren. Das Bier hinzufügen, dabei weiter umrühren. Noch 2 Minuten weiter köcheln lassen.

Käse, Eigelb, Senf und Worcestersauce hinzufügen. Weiter köcheln lassen, bis der Käse geschmolzen ist. Mit Salz und Pfeffer würzen und von der Kochstelle nehmen.

Die Brotscheiben toasten und großzügig mit Käsecreme bedecken. Auch die Toastecken sollten komplett mit Creme bedeckt sein, damit sie beim Grillen nicht verbrennen.

Das Brot 2 Minuten unter den Grill legen, bis der Käse Blasen wirft und goldbraun ist.

Dazu einen frischen Salat servieren.

TIPP

Den Streichkäse kann man gut im Voraus zubereiten und in einem geschlossenen Behälter gekühlt einen Tag aufbewahren. So könnt ihr euch nach dem Pubbesuch ohne Aufwand ein Käsetoast zubereiten.

Der halbfeste Halloumi aus Schaf- und Ziegenmilch ist einfach toll: Er ist schön weich, salzig und schnell zuzubereiten. Die ideale Zutat für einen spontanen Snack. Deswegen habe ich für ein schnelles Mittagessen oder einen Notfall-Mitternachtsimbiss auch immer einen Vorrat im Kühlschrank.
In diesem Pita liegt der Halloumi auf einem Bett aus klassischem Krautsalat.

PITA WITH GRILLED HALLOUMI AND COLLESLAW

PITA MIT GEGRILLTEM HALLOUMI UND KRAUTSALAT

4 Personen • Zubereitung 20 Min. • Braten 5 Min. • Schnell & Einfach

Für den Krautsalat:
200 g Weißkohl
2 große Karotten
3 Frühlingszwiebeln
5 EL Mayonnaise
2 EL Weißweinessig
2 EL grobkörniger Senf
Salz und Pfeffer

400 g Halloumi
2 EL Barbecuesauce (nach Wunsch)
4 Pitas

Zuerst den Krautsalat zubereiten. Den Weißkohl in feine Scheiben schneiden. Karotten schälen und raspeln, Frühlingszwiebeln putzen und in Ringe schneiden.

Mayonnaise, Essig und Senf in einer Schüssel vermischen und mit Salz und Pfeffer würzen. Das Gemüse hinzufügen und alles gut vermengen.

Den Halloumi in 16 Scheiben schneiden und mit Barbecuesauce bestreichen. Eine Grillpfanne (oder normale Bratpfanne) erhitzen und den Halloumi für einige Minuten auf jeder Seite braten.

In der Zwischenzeit die Pitas in der Mikrowelle jeweils ca. 30 Sekunden erhitzen, bis sie aufgehen. Die Pitas halbieren und jede Tasche öffnen.

Wenn der Halloumi fertig ist, jede Pitatasche mit Krautsalat und zwei Halloumischeiben füllen.

Die Köche aus *Down Under* haben in den letzten Jahren starke Spuren in der Londoner Restaurantszene hinterlassen. Eine beliebte Neuheit der *Aussie*-Einflüsse sind Mais-Puffer, die täglich auf vielen Brunchmenüs in der Stadt zu finden sind. Ich bereite sie mit Ricotta zu, der ihnen eine sehr leichte und fluffige Konsistenz verleiht. Die Puffer sind auch ein perfektes leichtes Mittagessen; in diesem Fall würde ich sie mit ein paar knusprigen Speckscheiben servieren.

CORN FRITTERS WITH TOMATO SALSA

MAIS-RICOTTA-PUFFER MIT TOMATEN-SALSA

4 Personen (8 Puffer) • Zubereitung 20 Min. • Garen 10 Min. • Einfach

Für die Salsa:
400 g Kirschtomaten
ein Spritzer Zitronensaft
2 EL Olivenöl
eine Handvoll Basilikum, gehackt
Salz und Pfeffer

Für die Puffer:
3 Eier
250 g Ricotta
100 g Mehl
30 g Butter, geschmolzen
2 Frühlingszwiebeln
1 kleine Dose Mais (140 g abgetropft)
¼ TL Chiliflocken
1 TL Salz
eine Handvoll Basilikum, gehackt
Sonnenblumenöl zum Frittieren

Für die Salsa die Kirschtomaten waschen und vierteln. Zitronensaft, Olivenöl und Basilikum hinzufügen und mit Salz und Pfeffer würzen.

Für den Teig die Eier trennen. Eiweiß steif schlagen. Das Eigelb mit Ricotta, Mehl und Butter vermischen.

Die Frühlingszwiebeln putzen und in feine Ringe schneiden.

Frühlingszwiebeln, Mais, Chili, Salz und Basilikum in den Ricottateig mischen.
Dann den Eischnee unterheben.

1 EL Öl in einer großen Pfanne erhitzen. 2 EL Teig pro Puffer in das heiße Öl geben und 2-3 Minuten auf jeder Seite frittieren, bis der Teig aufgebraucht ist.

Die Puffer mit der Tomaten-Salsa servieren.

Dieses warme Gericht ist eine richtige Wohltat für die kalte Jahreszeit. Gebratenes Wurzelgemüse zusammen mit Puy-Linsen und für die Konsistenz extra cremiger Feta – abgerundet mit einer spritzigen Balsamico-Rotwein-Reduktion. Genau das, was man im Winter braucht.

LENTILS WITH ROAST VEGETABLES AND BALSAMIC REDUCTION

LINSEN MIT SCHMORGEMÜSE UND BALSAMICO-REDUKTION

4 Personen • Zubereitung 20 Min. • Backen 45 Min. • Garen 30-35 Min. • Einfach

2 rote Zwiebeln
2 Pastinaken
2 Karotten oder
16 Babykarotten
1 ungekochte Rote Beete
ein paar Thymianzweige
2 EL Olivenöl
280 g Puy-Linsen
1 l Gemüsebrühe
1 Handvoll Petersilie
120 g Feta
Salz und Pfeffer

Für die Balsamico-Reduktion
4 Schalotten
20 g Butter
6 EL Balsamico-Essig
4 TL Zucker
200 ml Rotwein

Den Ofen auf 180 °C Umluft vorheizen.

Das Gemüse schälen (bei Babykarotten erübrigt sich das Schälen). Zwiebeln in Spalten schneiden. Pastinaken und Karotten (bei normaler Größe) in ca. 5 cm lange Streifen schneiden. Die Rote Bete in ca. 2 cm große Würfel schneiden.

Gemüse auf ein Blech geben, Thymian hinzufügen, mit Olivenöl beträufeln und mit Salz und Pfeffer würzen. 45 Minuten backen, dabei ab und zu wenden, damit alles gleichmäßig gart.

In der Zwischenzeit die Linsen mit der Gemüsebrühe in einem geschlossenen Topf 30-35 Minuten köcheln, bis sie gar sind. Die überschüssige Flüssigkeit abgießen.

Für die Balsamico-Reduktion die Schalotten schälen und in Würfel schneiden. Butter in einem kleinen Topf erhitzen und die Schalotten darin glasig dünsten. Balsamico-Essig und Zucker hinzufügen und ein paar Minuten köcheln lassen. Rotwein hinzufügen und weitere 5 Minuten köcheln lassen, bis alles leicht eindickt.

Zuerst die Linsen, dann das gebratene Wurzelgemüse auf vier Teller verteilen und Feta darauf zerbröseln. Mit Petersilie bestreuen und mit der Balsamico-Reduktion beträufeln.

TIPP

Natürlich kann man auch anderes Wurzelgemüse, wie zum Beispiel Sellerie oder Süßkartoffeln, verwenden.

Fischküchlein zählen zu den Alltagsgerichten Englands. Für die Zubereitung wird oft das vom Vortag übriggebliebene Kartoffelpüree verwendet, welches dann mit geräuchertem Fisch vermischt wird. Die Küchlein werden in Paniermehl gewälzt und knusprig gebraten. Ich habe meinen *fishcakes* einen asiatischen Touch verpasst. Einfach Ingwer und Wasabi hinzufügen und mit einem frischen Gurkensalat servieren.

FISHCAKES WITH ASIAN CUCUMBER SALAD

FISCHKÜCHLEIN MIT ASIATISCHEM GURKENSALAT

4 Personen • Zubereitung 50 Min. • Kühlen 30 Min. • Etwas aufwendig

Für die Fischküchlein:
550 g mehlige Kartoffeln
400 g Lachsfilet
20 g Butter
2 TL Wasabi
1 EL Zitronensaft
1 ½ TL frischer Ingwer, gerieben
1 EL Petersilie, gehackt
50 g Mehl
2 kleine Eier, verquirlt
80 g Paniermehl
2 EL Sonnenblumenöl
30 g Butter zum Frittieren
Salz und Pfeffer

Für die Wasabimayonnaise:
6 EL Mayonnaise
3 TL Wasabi oder scharfer Senf
4 TL Kapern, gehackt

Salatzutaten, siehe nächste Seite

Für die Fischküchlein die Kartoffeln schälen und in gleichmäßig große Stücke schneiden. In einem großen Topf mit kaltem Wasser bedecken. Eine großzügige Prise Salz hinzufügen und zum Kochen bringen. Dann die Hitze leicht verringern, sodass die Kartoffeln köcheln, bis sie gar sind, aber nicht matschig.

Abtropfen lassen, zurück in den Topf geben und grob zerdrücken. Butter, Wasabi, Ingwer, Zitronensaft und Petersilie hinzufügen und gut vermischen.

Den Fisch in einer großen Pfanne mit Wasser bedecken. Zum Köcheln bringen und 3-5 Minuten sanft weiterköcheln lassen. Die Kochzeit hängt von der Größe des Fischfilets ab. Die Haut (wenn vorhanden) sollte leicht abziehbar sein und der Fisch fast auseinanderfallen.

Die Haut entfernen, Fisch zerpflücken, zu den Kartoffeln geben und vermengen. Großzügig mit Salz und Pfeffer würzen.

FISHCAKES AND ASIAN CUCUMBER SALAD

Für den Salat:
1 große Gurke
2 Schalotten
1 ½ EL frischer Ingwer, gerieben
1 Chili
6 EL Reisweinessig (oder Weißweinessig)
3 TL Zucker
4 EL Sonnenblumenöl
4 TL Sesamöl
2 TL Sojasauce
2 EL Korianderblätter, gehackt

Mit den Händen 8 große oder 12 kleine Fischfrikadellen formen. Wenn der Teig zu weich ist, um sie zu formen, vorher 30 Minuten kalt stellen.

In der Zwischenzeit das Salatdressing und die Mayonnaise zubereiten. Die Schalotten schälen, fein hacken und mit dem Ingwer in eine Schüssel geben. Die Chili längs aufschlitzen, entkernen, fein hacken und auch in die Schüssel geben. Essig, Zucker, Sonnenblumenöl, Sesamöl, Sojasauce hinzufügen, abdecken und beiseitestellen.

Mayonnaise mit Wasabi und gehackten Kapern vermengen und kalt stellen.

Zum Panieren Ei in einer flachen Schüssel aufschlagen. Mehl und Paniermehl auf zwei separate Teller geben. Jedes Küchlein zuerst im Mehl, dann im Ei und zum Schluss im Paniermehl wälzen. Mindestens eine halbe Stunde kalt stellen.

(Die Fischküchlein können jetzt auch eingefroren und zu einem späteren Zeitpunkt zubereitet werden.)

Zum Braten eine Pfanne mit Öl und Butter erhitzen, bis die Butter schäumt. Die Küchlein von jeder Seite 5 Minuten bei mittlerer Hitze goldgelb braten. Nicht zu viele auf einmal braten, lieber kleinere Mengen nacheinander oder in einer zweiten Pfanne.

Die Gurke waschen, längs halbieren, Kerne entfernen und in Scheiben schneiden.
Mit dem Dressing servieren und mit Koriander bestreuen.

TIPP

Wenn ihr einen rauchigen Fischgeschmack mögt, könnt ihr Räucherlachs verwenden.

TIGER PRAWNS
2800
NILE PERCH
16.00
KILO

Dieses Rezept habe ich ursprünglich von meiner Mutter und es nennt sich *porc à la normande*. In der Tat sind die Hauptzutaten Cider und Calvados in der Normandie genauso weit verbreitet wie in England. Der fruchtig-spritzige Geschmack der Äpfel passt fabelhaft zu dem feinen Aroma des Schweinefleischs.

PORK FILLET WITH APPLES AND CIDER SAUCE

SCHWEINEFILET MIT ÄPFELN UND CIDER

4 Personen • Zubereitung 45 Min. • Backen 20 Min. • Etwas aufwendig

2 Äpfel
Saft von ½ Zitrone
80 g Butter
600 g Schweinefilet
1 Zwiebel
1 Karotte
1 Thymianzweig
1 Lorbeerblatt
350 ml trockener Cider
50 ml Calvados
300 ml Crème fraîche
Salz und Pfeffer

Den Ofen auf 180 °C Umluft vorheizen.

Die Äpfel waschen, schälen und das Gehäuse entfernen. Die Schalen und das Apfelgehäuse für die Sauce aufheben. Jeden Apfel in 12 Scheiben schneiden und mit dem Zitronensaft vermischen.

30 g Butter in einer großen Bratpfanne schmelzen und die Äpfel bei mittlerer Hitze 10 Minuten dünsten, bis sie weich sind. Die Äpfel auf einen Teller geben und beiseitestellen.

Das Schweinefilet mit Salz und Pfeffer würzen.

Wieder 30 g Butter in die gleiche Pfanne geben, schmelzen lassen und das Fleisch darin anbraten. Das Schweinefilet in einen Bräter legen und im Ofen 20 Minuten garen.
Den Bratensaft in der Pfanne lassen.

Zwiebel und Karotte schälen und grob hacken. Die restlichen 20 g Butter zu dem Bratensaft in die Pfanne geben. Apfelreste, Zwiebeln, Karotten, Thymianzweig, Lorbeerblatt hinzufügen und 5 Minuten mitkochen.

Cider und Calvados hinzufügen und 5 Minuten köcheln lassen, bis sich die Flüssigkeit etwas reduziert hat. Die Crème fraîche hinzufügen und weitere 10 Minuten köcheln lassen.

Die Sauce durch ein feines Sieb passieren, dabei den Saft aus den festen Bestandteilen pressen. Die festen Bestandteile wegstellen, die Flüssigkeit wieder in die Pfanne schütten. Die Sauce erhitzen und würzen. Die Äpfel in die Sauce geben, mit Salz und Pfeffer würzen und 2 Minuten köcheln lassen, bis sie durchwärmt sind.

Das Schweinefilet aus dem Ofen nehmen, in dicke Scheiben schneiden und auf den Tellern anrichten. Mit den Äpfeln und der Sauce garnieren. Dazu Kartoffelgratin (Seite 133) und Wirsing mit Fenchelsamen (Seite 126) servieren.

TIPP

Wenn die Sauce nicht so cremig sein soll, 500 ml Cider verwenden und zum Schluss nur 150 ml Crème fraîche hinzufügen.

RADICHIO
£6 KG

BOROUGH MARKET

♥ ♥ ♥

Londons bekanntester Lebensmittelmarkt lockt von donnerstags bis samstags wahre Menschenmengen an. Hervorragende englische und internationale Produkte erwarten euch hier. Ein echtes Paradies für Genießer.

Bei diesem Gericht werden bei vielen meiner englischen Freunde Erinnerungen wach, denn *Fish Pie* wird sehr oft mittags in der Schule gegessen. Ich habe dieses Gericht mit einem Schuss Weißwein und frischem Estragon verfeinert. Wenn ihr keinen geräucherten Fisch bekommt, probiert es ruhig mit einem anderen Fisch. Ihr könnt sogar Garnelen hinzutun, wenn ihr möchtet.

FISH PIE

FISCHAUFLAUF

6-8 Personen • Zubereitung 45 Min. • Backen 30 Min. • Etwas aufwendig

Für das Kartoffelpüree:
1 kg Kartoffeln
50 g Butter + zum Bestreichen
100 ml Milch
2 EL Crème fraîche

Für die Füllung:
2 Lauchstangen (300 g)
1 Schalotte oder kleine Zwiebel
1 Knoblauchzehe
50 g Butter
3 EL Mehl
400 ml Milch
150 ml Weißwein
100 g Erbsen, gefroren
2 Handvoll frischer Estragon
300 g geräucherter Schellfisch
300 g Lachsfilet
100 g geriebener Käse (Cheddar oder Gruyère)

Salz und Pfeffer

1 Zitrone zum Servieren

Die Kartoffeln schälen und in Würfel schneiden. In kochendem Salzwasser garen, bis sie weich sind. Abtropfen lassen. Butter, Milch und Crème fraîche hinzufügen und zu einem glatten Püree zerstampfen. Mit Salz und Pfeffer würzen, den Topf abdecken und beiseitestellen.

Den Lauch putzen und in feine Ringe schneiden. Schalotte und Knoblauch schälen und fein hacken. Die Butter in einer Pfanne schmelzen lassen und den Lauch darin andünsten. Schalotten und Knoblauch hinzufügen und weiter dünsten, bis der Lauch gar ist, aber nicht braun.

Das Mehl hinzufügen, umrühren und 1 Minute anschwitzen. Dann die Hälfte der Milch hinzufügen und bei mittlerer Hitze weiter rühren. Wenn die Mehlschwitze eingedickt ist, die restliche Milch und den Wein hinzufügen, weiter rühren und einige Minuten leicht köcheln lassen, bis die Mehlschwitze eine cremige Konsistenz hat. Vom Kochfeld nehmen und mit Salz und Pfeffer würzen. Die Erbsen und den Estragon hinzufügen.

Den Ofen auf 200 °C Umluft vorheizen.

Den Fisch in kleine Stücke schneiden und den Boden einer Auflaufform damit belegen.

Die Lauch-Creme über den Fisch geben, miteinander vermengen und mit Käse bestreuen.

Dann das Kartoffelpüree darüber geben und verstreichen. Mit einer Gabel ein Muster in den Kartoffelbrei ritzen.

Die Butter schmelzen lassen und den Kartoffelbrei damit bestreichen.

Den Fischauflauf 30 Minuten im Ofen backen.

Mit Zitronenspalten und Feldsalat servieren.

Meiner Meinung nach ist das die Mutter aller Pies! Saftig-zartes Rindfleisch in einer herzhaften Biersauce, bedeckt mit knusprigem Blätterteig – ein wahrer Gaumenschmaus! Man braucht ein wenig Zeit für die Vorbereitung, deshalb mache ich die Pie gerne am Wochenende. Die Füllung kann in Ruhe vor sich hinschmoren, während ich Zeitung lese oder in meiner Wohnung herumwerkele.

STEAK AND ALE PIE

STEAK-PASTETE MIT BIER

6 Personen • Zubereitung 30 Min. • Garen 1½ - 2 h • Backen 30 Min. • Etwas aufwendig

5 EL Sonnenblumenöl
200 g geräucherte Speckwürfel
2 Zwiebeln
2 Knoblauchzehen
850 g Rinderschmorbraten
500 ml Bier
500 ml Rinderbrühe
1 EL Tomatenmark
1 EL Balsamico-Essig
2 Lorbeerblätter
4 Thymianzweige
250 g Karotten
2 EL Speisestärke
250 g Champignons
500 g Blätterteig
1 Eigelb, verquirlt
Salz und Pfeffer

1 EL Öl in einer Kasserolle erhitzen. Die Zwiebeln schälen und fein hacken. Speck und Zwiebeln hinzufügen, 5 Minuten dünsten, bis die Zwiebeln glasig sind. Den Knoblauch schälen, pressen, hinzufügen und eine weitere Minute braten. Alles aus der Kasserolle herausnehmen und beiseitestellen.

Das Fleisch in 2,5 cm große Würfel schneiden und mit Salz und Pfeffer würzen. 2 EL Öl in der Kasserolle erhitzen und die Fleischstückchen nacheinander darin anbraten.

Wenn alles Fleisch angebraten ist, die Speck-Zwiebel-Knoblauch-Mischung und das Bier hinzufügen. Kurz aufkochen lassen und umrühren, sodass sich der Bratensatz löst.

Die Karotten schälen und in Scheiben schneiden.

Rinderbrühe, Tomatenmark, Balsamico-Essig, Lorbeerblätter, Thymianzweige und Karotten hinzufügen. Alles aufkochen lassen, abdecken und 1 ½ -2 h köcheln lassen, bis das Fleisch zart ist. Dann die Lorbeerblätter und Thymianzweige herausnehmen.

Den Ofen auf 200 °C Ober- und Unterhitze vorheizen.

Die Speisestärke mit 4 EL Sauce vermischen, zum Eintopf geben und kurz aufkochen lassen, bis die Sauce eindickt. Eventuell nachwürzen und abkühlen lassen.

STEAK AND ALE PIE

Die Champignons putzen und vierteln. 2 EL Öl in einer Pfanne erhitzen, die Pilze darin 5 Minuten braten, salzen und zum Eintopf geben.

Den Eintopf in eine ausreichend große Auflaufform (ca. 1,2 l) füllen. Mit dem Blätterteig abdecken und am Rand gut andrücken. Überlappenden Blätterteig abschneiden und kleine Blätter daraus schneiden. Den Blätterteig mit Eigelb bestreichen, die kleinen Blätter darauf kleben und ebenfalls mit Eigelb bestreichen. Ein Loch in die Mitte des Blätterteigdeckels schneiden, damit der Dampf beim Backen entweichen kann.

Die Pastete 30 Minuten backen, bis der Blätterteig goldbraun ist.

Mit Salat und einem Glas Bier servieren.

TIPP

Wenn ihr keine Pastete machen möchtet, könnt ihr das Gericht auch als Eintopf essen. Dann würde ich Kartoffelpüree als Beilage empfehlen.

Eines der typischen luxemburgischen Nationalgerichte ist *Judd mat Gaardebounen*. Man verwendet gekochtes Kassler und serviert dazu dicke Bohnen in einer cremigen Sauce. Diese Pastete ist für mich ein tolles Zusammenspiel der luxemburgischen und englischen Küche. Eine kleine Hommage an meine Wurzeln und an meine zweite Heimat.

JUDD MAT GAARDEBOUNEN PIE

JUDD-MAT-GAARDEBOUNEN-PASTETE

8 Personen • Zubereitung 30 Min. • Backen 30 Min. • Einfach

900 g fertig gekochtes Kassler *
600 g Saubohnen, abgetropft (Dose)
3 TL Bohnenkraut
750 ml Gemüsebrühe
8 EL Speisestärke
Pfeffer
100 ml Sahne
400 g Blätterteig
1 Eigelb

Das Fett vom Fleisch entfernen und das Fleisch in mundgerechte Stücke schneiden.

Die Saubohnen abtropfen lassen, unter fließendem Wasser abspülen und zusammen mit dem Fleisch in einen großen Topf geben. Das Bohnenkraut hinzufügen, mit der Gemüsebrühe bedecken und zum Kochen bringen.

Die Speisestärke in eine kleine Schüssel geben. Wenn die Gemüsebrühe kocht, ein paar Löffel davon zur Stärke geben und zu einer cremigen Masse verrühren. Die Speisestärke in den Topf schütten, pfeffern und 1 Minute weiterkochen lassen. Die Hitze reduzieren, die Sahne einrühren und alles zusammen in eine große Auflaufform (30 x 20 cm) füllen.

Den Ofen auf 200 °C Ober- und Unterhitze vorheizen.

Die Ränder der Auflaufform einfetten, damit der Blätterteigdeckel nicht festklebt. Den Blätterteig auf die Maße der Form zuschneiden und auflegen. Das Eigelb verquirlen und den Blätterteig damit bestreichen. Wenn Blätterteig übrig ist, daraus kleine Blätter zur Verzierung ausschneiden, auf den Teigdeckel kleben und ebenfalls mit Eigelb bestreichen.

Die Pastete 30 Minuten backen, bis der Blätterteig aufgeht und goldbraun wird.

Mit grünem Salat servieren.

* Wenn ihr kein fertig gekochtes Kassler bekommt, könnt ihr es auch selbst zubereiten. Dazu das roh gepökelte Kassler in einen Topf geben, mit kaltem Wasser bedecken und über Nacht ziehen lassen. Am nächsten Tag das Fleisch abtropfen lassen, nochmal mit kaltem Wasser bedecken, 1 Lorbeerblatt, ein paar Gewürznelken und 2 Schalotten (oder 1 halbe Zwiebel) hinzufügen und zum Kochen bringen. Dann die Hitze reduzieren und das Fleisch 40 Minuten köcheln lassen. Abtropfen und etwas abkühlen lassen und mit dem Rezept fortfahren.

Acht Jahre lang war ich Vegetarier, aber letztendlich war die Lust auf ein Schinkensandwich zu stark – ich konnte der Verlockung nicht mehr widerstehen und befand mich wieder unter den Fleischessern. Aber diese vegetarische Version der *Shepherd's Pie* kann es definitiv mit der traditionellen Fleischversion aufnehmen. Normalerweise wird die Pie mit Lammhackfleisch zubereitet, aber für diesen verwenden wir Linsen und eine Menge geräucherten Käse, für den ganz besonderen Geschmack.

VEGGIE SHEPHERD'S PIE

VEGETARISCHE SHEPHERD'S PIE

6 Personen • Zubereitung 45 Min. • Backen 40 Min. • Einfach

1 kg mehlige Kartoffeln
2 EL Olivenöl
2 Zwiebeln
2 Knoblauchzehen
80 g getrocknete Tomaten
800 g gehackte Tomaten (Dose)
400 g braune Linsen, abgetropft (Dose)
2 EL Ketchup
2 EL Worcestersauce
2 TL Thymian
20 g Butter
80 ml Milch
250 g geräucherter Cheddar, gerieben
Salz und Pfeffer

Den Ofen auf 200 °C Umluft vorheizen.

Die Kartoffeln schälen, in mundgerechte Stücke schneiden und in kochendem Salzwasser 20 Minuten garen, bis sie weich sind.

In der Zwischenzeit Zwiebeln und Knoblauch schälen und fein hacken. Die getrockneten Tomaten ebenfalls hacken. Das Olivenöl in einer großen Bratpfanne erhitzen und die Zwiebeln darin 10-15 Minuten glasig dünsten. Den Knoblauch hinzufügen und 1 weitere Minute dünsten. Die gehackten Tomaten, Linsen und getrockneten Tomaten hinzufügen und 1 Minute köcheln lassen.

Vom Kochfeld nehmen. Ketchup, Worcestersauce und Thymian hinzufügen und großzügig salzen und pfeffern. Alles in eine große, gefettete Auflaufform füllen.

Die Kartoffeln abtropfen lassen und mit Butter und Milch zerstampfen. Wenn das Püree schön geschmeidig ist, ⅔ des geräucherten Käses hinzufügen, vermischen und mit Salz und Pfeffer abschmecken.

Das Püree gleichmäßig auf die Linsen verteilen. Mit dem restlichen Käse bestreuen und im Ofen 40 Minuten backen, bis der Auflauf goldbraun ist und Blasen schlägt.

Dazu einen frischen grünen Salat servieren.

TIPP

Wenn ihr die traditionelle *Shepherd's Pie* probieren möchtet, verwendet anstelle der Linsen Lammhackfleisch. Das Hackfleisch einige Minuten braun anbraten und dann die gehackten Tomaten hinzufügen. Getrocknete Tomaten und geräucherten Käse weglassen.

Wenn ihr Rindfleisch anstatt des Lammfleischs nehmt, verwandelt ihr eine *Shepherd's Pie* in eine *Cottage Pie*. Tja, in England hat eben jede Pie ihren eigenen Namen.

An der Uni hätten meine Mitbewohnerinnen am liebsten jeden Abend *Chicken Kiev* gegessen – natürlich die Tiefkühl-Fertigvariante. Ich habe das Aussehen und den Geruch von dem in Knoblauch panierten Hähnchenfleisch nie richtig gemocht – bis ich dieses fabelhafte Rezept ausprobiert habe. Das Fleisch wird nicht frittiert, sondern kommt in den Ofen. Gefüllt wird es auch nicht mit Knoblauchbutter, sondern mit Knoblauch- oder Kräuterfrischkäse. Ein richtiges Aha-Erlebnis!

CHICKEN KIEV WITH CREAMY LEEKS

HÄHNCHEN KIEW MIT CREMIGEM LAUCH

4 Personen • Zubereitung 20 Min. • Backen 25 Min. • Einfach

85 g Paniermehl
2 EL gehackte Petersilie
2 Knoblauchzehen
5 EL Olivenöl
4 Hähnchenbrüste
4 EL Kräuterfrischkäse

Für den Lauch:
25 g Butter
800 g Lauch
100 ml Weißwein
100 ml Sahne
2 EL gehackte Petersilie
Zitronensaft

Salz und Pfeffer

Den Ofen auf 200 °C Umluft vorheizen.

Paniermehl und Petersilie in eine Schüssel geben. Den Knoblauch schälen, pressen und in die Schüssel geben. Mit 2 TL Olivenöl beträufeln und vermischen.

In die Seite der Hähnchenbrüste eine Tasche schneiden, 1 EL Frischkäse in jede Tasche füllen und die Ränder wieder zusammendrücken.

Die Hähnchenbrüste in einen Bräter geben, mit 2 EL Olivenöl einreiben und mit Salz und Pfeffer würzen. Das Paniermehl über den Hähnchenbrüsten verteilen und von allen Seiten panieren, dabei das Paniermehl fest andrücken, damit es kleben bleibt.
Das Fleisch mit 2 EL Olivenöl beträufeln und im Ofen 20-25 Minuten backen, bis es gar und die Panade kross und golden ist.

In der Zwischenzeit den Lauch vorbereiten. Den Lauch putzen, längs halbieren, in 5 cm lange Stücke schneiden und unter fließendem Wasser waschen.

Die Butter in einer Bratpfanne erhitzen und den Lauch darin 3 Minuten andünsten.
Den Weißwein hinzufügen und weitere 3 Minuten garen, bis der Lauch weich ist.
Sahne und Petersilie hinzufügen und 1 weitere Minute garen.
Mit Salz und Pfeffer würzen und mit Zitronensaft beträufeln.

Den Lauch auf vier Teller verteilen und das fertige Hähnchenfleisch darauf anrichten.

TIPP

Die Herstellung von frischem Paniermehl ist auch ganz einfach: 85 g Brot toasten oder altes, hartes Brot verwenden und im Mixer zerkleinern.

Für den extra Knoblauch-Kick 1 weiteren EL Frischkäse auf den Lauch geben, bevor man das Hähnchen darauf anrichtet.

Knoblauch- und Kräuterfrischkäse könnt ihr auch selbst zubereiten. Dafür 4 EL Frischkäse mit einer gepressten Knoblauchzehe und 1 TL gehackter Petersilie mischen.

Dieses tolle Rezept habe ich von meiner Mutter. Mit Weißwein und Whisky beeindrucken diese Curry-Garnelen immer, sind aber ganz schnell und leicht zuzubereiten. Ein feines Essen für eine spontane Party mit Freunden oder einen romantischen Abend zu zweit.

CURRIED TIGER PRAWNS

CURRY-GARNELEN

4 Personen • Zubereitung 5 Min. • Garen 25 Min. • Einfach

375 ml Weißwein
1 ½ EL Currypulver
375 ml Sahne
1 ½ EL Speisestärke
1 ½ EL Whisky
9 Frühlingszwiebeln
1 Knoblauchzehe
30 g Butter
400 g Riesengarnelen, geschält und entdarmt
500 g Basmati-Reis
Salz und Pfeffer

Petersilie zum Bestreuen

Wein und Curry in einen Topf geben und 10 Minuten einkochen lassen, dabei ab und zu umrühren.

Wenn der Wein reduziert ist, Sahne und Whisky hinzufügen, mit Salz und Pfeffer würzen und aufkochen lassen.

Die Speisestärke in eine kleine Schüssel füllen, mit 3 EL Wein-Sahne-Sauce verrühren, zurück in den Topf gießen und wieder aufkochen lassen. Die Hitze reduzieren und leicht köcheln lassen. In der Zwischenzeit den Rest zubereiten.

Den Basmatireis in Salzwasser 10 Minuten kochen lassen.

Die Frühlingszwiebeln putzen und in feine Ringe schneiden. Die Knoblauchzehe schälen und pressen. Die Butter in einer großen Pfanne zerlassen und die Frühlingszwiebeln und den Knoblauch darin einige Minuten dünsten. Die Riesengarnelen hinzufügen und 5 Minuten mit braten.

Die Sauce in die Pfanne mit den Garnelen gießen und 1 Minute umrühren.
Mit Salz und Pfeffer würzen.

Den Reis auf 4 tiefen Tellern arrangieren, eine großzügige Kelle Sauce in die Teller gießen, mit den Riesengarnelen garnieren und mit Petersilie bestreuen.

TIPP

Wenn ihr Tiefkühl-Garnelen verwendet, müsst ihr sie vor dem Zubereiten auftauen.
Die Sauce schmeckt auch hervorragend zu Schellfisch, Kabeljau oder Seeteufel.

MALT
VINEGAR

Woran denkt ihr als Erstes, wenn jemand die englische Küche erwähnt? *Fish and Chips*! Na klar, denn das ist typisch England! Inoffiziell gilt es als Nationalgericht und wird traditionell in Zeitungspapier eingewickelt serviert und mit ein paar Spritzern Malzessig beträufelt. Am besten schmeckt *Fish and Chips* natürlich an der englischen Küste, aber ich finde, man kann es auch sehr gut zu Hause genießen und vom Meer träumen.

FISH AND CHIPS WITH MUSHY PEAS

FISH 'N' CHIPS MIT ERBSENPÜREE

4 Personen • Zubereitung 30 Min. • Kühlen 15 Min. • Backen 15 Min. • Garen 12-16 Min. • Etwas aufwendig

Für die Tartarsauce:
1 Eigelb
1 TL Senf
100 ml Sonnenblumenöl
1 ½ EL Zitronensaft
1 TL Kapern, gehackt
1 EL Gewürzgurken, gehackt

Für die Panade:
200 g Mehl
1 ½ TL Backpulver
275 ml Bier (z. B. Lager)
1 TL Salz
1 l Sonnenblumenöl

4 Filets vom Kabeljau oder Schellfisch (ca 800 g)

Für die Ofen-Pommes-frites:
750 g Kartoffeln (Désirée)
4 EL Sonnenblumenöl
Malzessig, zum Beträufeln (nach Wunsch)

Für das Erbsenpüree:
600 g Erbsen, gefroren
10 g Butter
2 EL frische Minze, gehackt
2 EL Zitronensaft

Salz und Pfeffer

Zuerst die Tartarsauce zubereiten. Dafür Eigelb und Senf in einer Schüssel mit einem elektrischen Rührgerät aufschlagen. In einem dünnen, gleichmäßigen Strahl das Sonnenblumenöl langsam hinzufügen und dabei kräftig weiter schlagen. Zitronensaft, Kapern und Gewürzgurken hinzufügen und mit Salz und Pfeffer würzen.

In eine kleine Schüssel füllen, mit Klarsichtfolie abdecken und bis zum Gebrauch in den Kühlschrank stellen.

Das Mehl für die Panade 15 Minuten in den Tiefkühler stellen.

Den Ofen auf 220 °C Umluft vorheizen. Die Kartoffeln schälen und in Spalten schneiden. In einem Topf mit Salzwasser 3 Minuten kochen lassen. Abtropfen und auf ein Blech geben. Die Kartoffeln mit dem Sonnenblumenöl beträufeln und salzen. 15-20 Minuten backen, dabei mindestens 2 Mal wenden, bis sie goldbraun und kross sind.

In der Zwischenzeit die Panade herstellen. Das kalte Mehl aus dem Tiefkühler mit dem Backpulver und Salz in eine Schüssel füllen. Kaltes Bier hinzufügen und vermischen.

Zum Frittieren das Sonnenblumenöl in einen Topf füllen. Mit etwas Teig testen, ob das Fett heiß genug ist. Wird die Panade sofort knusprig, ist das Fett heiß genug. 2 Fischfilets vollständig in den Teig eintauchen. Vorsichtig in das heiße Fett legen und 6-8 Minuten frittieren, bis die Panade goldgelb und knusprig ist. Den frittierten Fisch herausnehmen und auf ein Blech legen, mit Alufolie abdecken und im Ofen warmhalten.
Den Vorgang mit den restlichen Fischfilets wiederholen.

Während die Filets frittieren, das Erbsenpüree zubereiten. Die Erbsen 5 Minuten in Salzwasser kochen, abtropfen lassen und wieder zurück in den Topf füllen.
Butter, Minze und Zitronensaft hinzufügen und mit Salz und Pfeffer würzen.
Mit einem Mixer zu Püree verarbeiten.

Für den richtig authentischen Geschmack den frittierten Fisch mit einem Schuss Malzessig verfeinern.

TIPP

Wenn ihr eine Fritteuse habt, könnt ihr den Fisch und die Pommes frites auch darin zubereiten.

In den letzten Jahren ist London in einen regelrechten Burger-Rausch verfallen. Wo auch immer man hingeht, hat ein neuer hipper Burgerladen seine Türen geöffnet. Je schlampiger, cooler, dunkler und verborgener, desto besser! Auch wenn ich unglaublich gerne die neuesten Burgerbuden auskundschafte, so mag ich doch auch meinen *Homemade Burger*: herzhaft und mit einem pfeffrigen Kick.

PEPPERED CHEESEBURGER

GEPFEFFERTER CHEESEBURGER

4 Personen • Zubereitung 15 Min. • Garen 8 Min. • Schnell & Einfach

500 g Rinderhackfleisch
1 Ei
2 EL Semmelbrösel
1 EL grobkörniger Senf
¾ TL Salz
1 EL ganze schwarze Pfefferkörner

2 EL Sonnenblumenöl
4 Scheiben Cheddar
4 Hamburgerbrötchen
4 EL Mayonnaise
1 Tomate
2 Gewürzgurken
4 Blätter Eisbergsalat

Ketchup zum Servieren

Hackfleisch, Ei, Semmelbrösel, Senf und Salz in einer großen Schüssel gut vermischen.

Aus dem Fleisch 4 Hamburger von je 2 cm Dicke formen.

Die Pfefferkörner mit einem Mörser zerstoßen und auf einen Teller schütten. Die Seiten der Hamburger im Pfeffer wälzen, sodass sie rundherum mit Pfefferkörnern bedeckt sind.

Das Öl in einer großen Bratpfanne erhitzen und die Hamburger darin 4 Minuten auf einer Seite, dann 3 Minuten auf der anderen Seite braten.

Jeden Hamburger mit einer Scheibe Käse belegen und 1 weitere Minute braten.

In der Zwischenzeit die Hamburgerbrötchen halbieren. Tomate und Gurken in Scheiben schneiden. Den unteren Teil des Brötchens mit 1 EL Mayonnaise bestreichen und mit einem Salatblatt, einem Cheeseburger, einer Scheibe Tomate und Gurke belegen.

Mit Ketchup und Pommes frites servieren.

TIPP

Wenn ihr keinen Mörser parat habt, könnt ihr die Hamburger auch in frisch gemahlenem schwarzen Pfeffer wälzen.

BRIXTON

Die farbenfrohe Atmosphäre von Brixton muss man miterlebt haben, wenn man in London ist. Zur Reggae-Musik von Bob Marley verkaufen afro-karibische Shops exotisches Obst und Gemüse, während man in den kleinen Restaurants von *Brixton Village Market* fantastisches Essen in hipper Umgebung genießen kann.

An einem heißen Sommertag, wenn ich keine Lust habe, lange in der Küche zu stehen, ist dieses leichte Gericht genau das Richtige. Einfach und schnell. Herrlich sommerlich!

SALMON COURGETTE PARCELS

LACHS AUF ZUCCHINI IM PERGAMENT-PÄCKCHEN

4 Personen • Zubereitung 20 Min. • Backen 15 Min. • Schnell & Einfach

2 Zucchini
4 EL Olivenöl
4 TL Fenchelsamen
1 Zitrone, unbehandelt
4 Lachsfilets
Salz und Pfeffer

Den Ofen auf 200 °C Umluft vorheizen.

4 Blätter Pergamentpapier auf die Größe des Blechs zuschneiden.

An den Zucchini die Enden abschneiden und mit einem Gemüsehobel in dünne, lange Scheiben schneiden.

Zucchini in eine Schüssel geben. Olivenöl und Fenchelsamen hinzufügen und mit Salz und Pfeffer würzen. Die Schüssel leicht schütteln, sodass sich alles gut vermischt.

Je ¼ der gewürzten Zucchini in die Mitte eines Pergamentpapiers legen.

Die Zitronenschale abreiben und beiseitestellen. Die Zitrone in 8 dünne Scheiben schneiden und je 2 Scheiben auf einen Zucchini-Berg legen. Jeweils 1 Lachsfilet auf die Zitronenscheiben legen, mit Salz und Pfeffer würzen und mit der abgeriebenen Zitronenschale bestreuen.

Das Pergamentpapier umschlagen und an den Seiten verschließen, sodass kein Dampf beim Garen entweichen kann.

Die Pergament-Päckchen 15 Minuten im Ofen garen.

Mit Reis oder Couscous servieren.

Es ist für mich herrlich entspannend, mit meinen Freunden in der Küche zu stehen, zu plaudern und zu lachen, ein Glas Wein zu genießen und dabei ein Risotto zuzubereiten. Mit viel Liebe und Geduld rühre ich dabei in meinem Risotto, bis es die perfekte Konsistenz erreicht hat.

CARROT RISOTTO

RISOTTO MIT KAROTTEN

4-6 Personen • Zubereitung 10 Min. • Garen 25 Min. • Einfach

- 2 Zwiebeln
- 600 g Karotten
- 40 g Butter
- 2 Knoblauchzehen
- 300 g Risottoreis
- 350 ml Weißwein
- 1 l Gemüsebrühe
- 50 g geriebener Parmesan
- 60 g Feta
- 4 EL frisch gehacktes Basilikum
- Salz und Pfeffer

Die Zwiebeln schälen und fein hacken. Die Karotten schälen und raspeln. Den Knoblauch schälen und pressen.

Die Butter in einem großen Topf schmelzen und die Zwiebeln darin 1 Minute dünsten. Dann die geraspelten Karotten und den gepressten Knoblauch hinzufügen und weitere 2 Minuten dünsten. Den Reis hinzufügen und 1 Minute anrösten.

Den Wein hinzufügen und unter Rühren einkochen lassen. Die heiße Gemüsebrühe unter Rühren nach und nach hinzufügen; zwischen den Flüssigkeitszugaben immer warten, bis die Brühe eingekocht ist. Nach ungefähr 20 Minuten ist der Reis gar.

Anschließend den Parmesan untermischen und mit Salz und Pfeffer würzen.

Den Feta in das Risotto bröseln und das Basilikum untermischen.

Ist es nicht herrlich, wenn die Tage wieder länger werden, die Sonne rauskommt und es endlich wärmer wird? Man fühlt sich, als würde man aus dem Winterschlaf aufwachen. Die nötige Energie für einen guten Start in den Frühling liefert ein Teller dieser Pasta: die rauchigen Aromen von gegrilltem Spargel und Zucchini, kombiniert mit spritziger Zitrone und salzigem Feta. Wer freut sich da nicht auch schon auf die Grillsaison?

SPRINGTIME PASTA

FRÜHLINGSPASTA

4 Personen • Zubereitung 50 Min. • Etwas aufwendig

350 g grüner Spargel
2 Zucchini
6 EL Olivenöl
350 g Linguini
1 rote Chili
6 Frühlingszwiebeln, geputzt
1 Knoblauchzehe, geschält
Saft von ½ Zitrone
200 g Feta
Salz und Pfeffer

Die Spargelenden abschneiden. Die Zucchini in sehr dünne Längsscheiben schneiden (am besten mit einem Gemüsehobel). Die Chili längs aufschneiden und die Kerne entfernen. Chili, Frühlingszwiebeln und Knoblauch fein hacken und beiseitestellen.

1 EL Olivenöl in einer Grillpfanne erhitzen und den Spargel 10 Minuten grillen, bis er gar ist dabei regelmäßig wenden. Aus der Pfanne nehmen und beiseitestellen. Die Zucchinischeiben nach und nach ebenfalls grillen. Dabei jeweils für ein paar Minuten auf jeder Seite so braten, dass ein Kreuzmuster entsteht. In der Zwischenzeit den Spargel in mundgerechte Stücke schneiden.

Die Nudeln in Salzwasser nach Packungsanleitung kochen, bis sie al dente sind.

In der Zwischenzeit das restliche Olivenöl in einer großen Bratpfanne erhitzen. Chili und Frühlingszwiebeln hinzufügen und ein paar Minuten andünsten. Den Knoblauch hinzufügen und eine weitere Minute braten. Spargel und Zucchini hinzufügen, mit Salz und Pfeffer würzen und ein paar Minuten braten, bis alles schön warm ist. Den Zitronensaft und die abgetropften Nudeln hinzufügen, alles gut vermengen und eine weitere Minute braten.

Die Nudeln auf 4 Schüsseln verteilen und auf jede Portion Feta krümeln.

TIPP

Aus diesem Gericht kann man auch ganz leicht einen fantastischen Frühlingssalat machen. Spargel und Zucchini braten und auf ein kleines Rucola-Bett geben. Mit Olivenöl und Zitronensaft beträufeln und mit Feta oder gehobeltem Pecorino garnieren.

Ihr könnt das gegrillte Gemüse auch gut im Voraus zubereiten und einfach erwärmen, während die Nudeln kochen.

Dieses Gericht ist für mich ein "Essen für die Seele"! Eine Gabel Makkaroni, noch eine ... und noch eine letzte ... Es grenzt fast an Maßlosigkeit. Mit diesem Rezept muss man aber wenigstens kein allzu schlechtes Gewissen haben, denn der Kürbis verleiht dem Ganzen eine richtig gesunde Note. Am liebsten verwende ich den englischen *Butternut Squash*, aber mit einem Hokkaido-Kürbis schmeckt es natürlich genauso gut.

MAC 'N' CHEESE

KÄSEMAKKARONI MIT KÜRBIS

6 Personen • Zubereitung 1 h • Backen 30 Min. • Etwas aufwendig

1 Hokkaido-Kürbis (ca. 1 kg)
1 Schalotte
2 Knoblauchzehen
½ - 1 TL Chiliflocken
½ Zimtstange
400 g Makkaroni
250 ml Milch
250 ml Sahne
100 g Parmesan
70 g reifer Cheddar, gerieben
4 Rosmarinzweige (oder 4 TL getrockneter Rosmarin)
8 Scheiben Speck
100 g Brot
etwas Olivenöl
Salz und Pfeffer

Den Ofen auf 200 °C Umluft vorheizen.

Den Kürbis halbieren, entkernen, schälen und in 2 cm große Stücke schneiden. Die Schalotte schälen und fein hacken. Den Knoblauch schälen und pressen.

Olivenöl in eine Bratpfanne geben und die Schalotten 1 Minute andünsten. Knoblauch hinzufügen und 1 weitere Minute dünsten. Kürbis, Chiliflocken, Zimtstange und 200 ml Wasser hinzufügen. Die Pfanne abdecken und 30 Minuten köcheln lassen, bis der Kürbis weich ist und sich gut pürieren lässt.

In der Zwischenzeit die Makkaroni in kochendem Salzwasser al dente garen. Dann abtropfen lassen und in eine große Schüssel füllen. Milch, Sahne, Parmesan und Cheddar hinzufügen.

Wenn der Kürbis weich ist, den Deckel von der Pfanne nehmen und noch ein paar Minuten köcheln lassen, bis alle Flüssigkeit verdampft ist. Die Zimtstange herausnehmen. Mit Salz und Pfeffer würzen und den Kürbis zu Püree verarbeiten. Zu den Makkaroni geben.

Die Rosmarinnadeln von den Zweigen entfernen, grob hacken und die Hälfte zu den Makkaroni geben.

Die Makkaroni in eine gefettete Auflaufform füllen.

Den Speck anbraten. Das Brot in Stücke zupfen und zum Speck geben. Den restlichen Rosmarin hinzufügen und salzen. Alles zusammen noch ein paar Minuten braten und dann in einen Mixer füllen. Die Mischung mixen, bis Speck-Semmelbrösel entstehen.

Die Brösel über die Makkaroni verteilen. Alles 30 Minuten im Ofen backen, bis die Kruste knusprig wird und die Flüssigkeit Blasen schlägt. Wenn die Kruste anfängt, sich stark braun zu verfärben, mit Alufolie abdecken.

Mit einem frischen, grünen Salat und meinem Lieblings-Dressing (Seite 201) servieren.

Wenn ich keine Zeit zum Einkaufen finde, bin ich froh, wenn meine Vorratskammer mit ein paar guten Zutaten gefüllt ist. Thunfisch aus der Dose, Spaghetti und Geflügelbrühe habe ich meistens vorrätig. Also ist die Thunfisch-Pasta schnell fertig.

TUNA PASTA

THUNFISCH-PASTA

4 Personen • Zubereitung 20 Min. • Schnell & Einfach

1 kleine Zwiebel
20 g Butter
1 TL Thymian
250 ml Sahne
150 ml Geflügelbrühe
500 g Spaghetti
300 g Dosenthunfisch, im eigenen Saft
2 EL Kapern
Saft von 1 Zitrone
Salz und Pfeffer

4 EL frisch gehackter Basilikum zum Bestreuen

Zwiebel schälen und fein hacken.
Die Butter in einer Pfanne erhitzen und die Zwiebeln darin 4 Minuten glasig dünsten.

Thymian, Geflügelbrühe, Sahne und Thunfisch hinzufügen und bei mittlerer Hitze köcheln lassen.

In der Zwischenzeit die Spaghetti nach Packungsanleitung al dente kochen.

Die Kapern in die Sauce geben und mit Salz, Pfeffer und Zitronensaft würzen.

Die Nudeln mit der Sauce vermischen und auf 4 Teller verteilen.

Jede Portion mit etwas Basilikum bestreuen.

Das sonntägliche Mittagessen mit Familie und Freunden gehört zu den schönsten Momenten der ganzen Woche. Die meisten Rezepte sind relativ schnell vorzubereiten und brutzeln dann langsam im Ofen vor sich hin – perfekt, um in der Zeit einen Aperitif zu genießen und sich den neusten Klatsch und Tratsch zu erzählen.

Sunday Lunch

In England wird Roastbeef traditionell mit einem Klecks Sahnemeerrettich und *Yorkshire Puddings* serviert.
Ein wahrer Sonntagsklassiker.

ROAST BEEF

ROASTBEEF

4 Personen • Zubereitung 15 Min. • Backen 50 Min. - 1:10 h • Garen 5 Min. • Einfach

1 kg Roastbeef
1 Zwiebel
500 g Karotten
3 Knoblauchzehen
4 Rosmarinzweige
2 EL Olivenöl
Salz und Pfeffer

Sahnemeerrettich zum Servieren

Für die Sauce:
2 EL Mehl
250 ml Rinderbrühe

Das Rindfleisch 30 Minuten, bevor es in den Ofen kommt, aus dem Kühlschrank nehmen.

Den Ofen auf 220 °C Umluft vorheizen.

Die Zwiebel schälen und in 8 Spalten schneiden. Die Karotten schälen, länglich vierteln und halbieren. Den ungeschälten Knoblauch zerquetschen, sodass er aufplatzt. Zwiebeln, Knoblauch und Karotten in einen Bräter geben. Mit 1 EL Olivenöl beträufeln und mit Salz und Pfeffer würzen. Die Rosmarinzweige auf das Gemüse legen.

Das Fleisch auf das Gemüse legen, mit dem restlichen Esslöffel Olivenöl beträufeln und gut mit Salz und Pfeffer würzen und einreiben.

Das Rindfleisch im Ofen 10 Minuten garen, dann die Hitze auf 170 °C Umluft reduzieren und weitere 40 Minuten für Garstufe Medium (rosa) oder 1 Stunde für Garstufe Well-done (durch) garen.

Das fertige Roastbeef aus dem Ofen nehmen. Wenn ihr die Yorkshire Puddings zubereitet, die Ofentemperatur wieder erhöhen und mit dem Rezept (Seite 138) fortfahren.

Den Bratensaft in einen Topf schütten. Das Fleisch mit Alufolie abdecken und 30 Minuten ruhen lassen.

In der Zwischenzeit die Sauce zubereiten. Den Topf mit dem Bratensaft auf ein Kochfeld stellen, das Mehl mit einem Schneebesen einrühren und 30 Sekunden aufkochen lassen. Dann nach und nach die Brühe einrühren. Die Sauce einige Minuten kochen lassen, bis sie eindickt, und in eine Sauciere gießen.

Das Roastbeef in Scheiben schneiden und mit den Karotten, der Sauce und einem Klecks Sahnemeerrettich servieren.

Sunday Roast - das traditionelle britische Sonntagsessen. Werft mal einen Blick in die Einkaufswagen im Supermarkt am Wochenende - sehr wahrscheinlich werdet ihr darin ein Hähnchen entdecken. Die Engländer sind verrückt nach Brathähnchen. Verständlicherweise, denn was kann man an einem Hähnchen nicht mögen? Nach britischer Tradition wird der Vogel mit *Stuffing Balls*, eine Art Semmelknödel und Ofenkartoffeln serviert.

ROAST CHICKEN WITH GRAVY

BRATHÄHNCHEN MIT GRAVY

4 Personen • Zubereitung 10 Min. • Backen 1:20-1:25 h • Einfach

1,5 kg Brathähnchen
3 frische Zweige Rosmarin
1 kleine Zwiebel
½ Zitrone
2 Knoblauchzehen, geschält
5 schwarze Pfefferkörner (oder 1 TL frisch gemahlener Pfeffer)
1 ½ TL Salz
2 EL Olivenöl

Für die Gravy:
70 ml Weißwein
1 EL Mehl

Salz und Pfeffer

Den Ofen auf 200 °C Umluft vorheizen.

Das Hähnchen waschen, trocken tupfen und in einen Bräter legen.

Von einer ungeschälten Zwiebel das obere und untere Ende abschneiden und die Zwiebel halbieren. Eine Zwiebelhälfte in den Bauch des Hähnchens stopfen, dann einen Rosmarinzweig, den Knoblauch, die halbe Zitrone und zum Abschluss die zweite Zwiebelhälfte hinzufügen.

Die Nadeln von den restlichen zwei Rosmarinzweigen in einen Mörser geben. Die Pfefferkörner hinzufügen und mit einem Stößel zermalmen. Salz und Olivenöl hinzufügen und das Hähnchen gut mit der Mischung einreiben.

Das Hähnchen im Ofen 15 Minuten backen. Dann die Temperatur auf 180 °C reduzieren und weitere 65-70 Minuten backen. Das Hähnchen ist gar, wenn ihr mit einem Spieß reinstecht und klarer Bratensaft austritt. Den Ofen ausschalten.

Die Gravy erst zubereiten, wenn das Brathähnchen fertig ist. Dafür den Bratensaft in einen Topf füllen und das Hähnchen weiter im Ofen warmhalten oder mit Alufolie abdecken.
2 EL vom Bratensaft in eine kleine Schüssel geben, mit dem Mehl verrühren und zurück in den Topf schütten. Weißwein und 150 ml Wasser zum Bratensaft geben und aufkochen lassen. Einige Minuten weiter köcheln lassen, bis die Gravy leicht eingedickt ist, dann mit Salz und Pfeffer würzen.

Das Brathähnchen mit Gravy servieren.

Dazu passen Stuffing (Seite 137), Ofenkartoffeln (Seite 134) und Whisky-Karotten mit Honig (Seite 129).

TIPP

Wenn ihr keinen Mörser habt, könnt ihr den Rosmarin auch einfach grob zerhacken und in einer Schüssel mit Pfeffer, Salz und Olivenöl mischen.

Eigentlich war der Schinkenbraten in England immer ein traditionelles Weihnachtsessen, aber mittlerweile hat er seinen Weg auch auf die sonntägliche Mittagstafel gefunden, ganz egal zu welcher Jahreszeit. Ich mache den Schinken gerne, wenn Freunde zum Essen kommen, denn er ist sehr leicht vorzubereiten. Während der säuerliche Cider den Schinken durchzieht, bringt die Ahornsirupglasur die nötige Süße in den Braten. In England verwenden wir einen geräucherten Schinken, wie zum Beispiel Kassler, aber ihr könnt natürlich auch ungeräuchertes Fleisch verwenden.

MAPLE CIDER HAM

SCHINKENBRATEN MIT AHORNSIRUP UND CIDER

4 Personen • Zubereitung 10 Min. • 24 h ziehen lassen • Garen 1 ½ h • Backen 30 Min. • Etwas aufwendig

1,5 kg Kassler
2 l Cider
1 Zwiebel, geschält
15 Pfefferkörner
1 Zimtstange
2 Lorbeerblätter
10 Gewürznelken
2 TL Speisestärke

Für die Glasur:
50 ml Ahornsirup
1 TL grobkörniger Senf
1 TL Worcerstersauce
1 TL Sojasauce

Am Vortag:
Den Schinken über Nacht in einem großen Topf Wasser ziehen lassen, sodass sich der Salzgehalt im Fleisch verringert.

Am nächsten Morgen:
Das Wasser abgießen und Cider, Zwiebel, Pfefferkörner, Zimtstange und Lorbeerblätter hinzufügen. Mit Wasser auffüllen, bis der Schinken bedeckt ist. Den Topf abdecken und zum Kochen bringen, dann die Hitze reduzieren und 1 ½ Stunden köcheln lassen.

Wenn der Schinken fertig gekocht ist, aus dem Topf nehmen und in einen Bräter legen. Die Brühe im Topf behalten. Den Ofen auf 200 °C Umluft vorheizen.

Den Schinken abkühlen lassen. Die Haut (falls vorhanden) bis auf eine dünne Fettschicht abziehen. Diese Fettschicht rautenförmig einritzen und in jede Raute eine Gewürznelke stecken.

Alle Zutaten für die Glasur vermischen und auf den Schinken gießen. Eine Kelle Brühe in den Bräter gießen.

Den Schinken 30 Minuten im Ofen garen. Dabei ab und zu eine weitere Kelle Brühe nachgießen, wenn nötig.

Das Fleisch aus dem Ofen nehmen und vor dem Anschneiden 10 Minuten ruhen lassen.

Den Bratensaft aus dem Bräter in einen kleinen Topf geben, aufkochen lassen und 2 TL Speisestärke hinzufügen. Umrühren und die fertige Bratensauce in eine Sauciere gießen.

Mit Krautsalat (Seite 58) und Ofenkartoffeln (Seite 134) servieren.

TIPP

Wenn ihr einen größeren Schinken zubereitet, müsst ihr die Kochzeit dementsprechend anpassen: Rechnet 1 Stunde pro Kilo Fleisch. Die Garzeit im Ofen bleibt gleich.
Wenn ihr den Schinken nicht in Alkohol kochen möchtet, könnt ihr auch Apfelsaft verwenden.

Herrlich knusprige Schwarte und unglaublich saftiges, zartes Fleisch, das auf der Zunge fast zergeht. Dieses Gericht ist perfekt für ein großes Essen mit der Familie oder Freunden, und die Haushaltskasse leidet nicht sehr darunter.

SLOW ROAST PORK BELLY

KNUSPRIGER SCHWEINEBAUCH

4 Personen • Zubereitung 15 Min. • Backen 2:20 h • Etwas aufwendig

- 1,3 kg Schweinebauch mit Schwarte
- 4 TL Fenchelsamen
- 1 ½ TL Salz
- 4 EL Olivenöl
- 2 Zwiebeln
- 6 Knoblauchzehen, ungeschält
- ein paar frische Thymianzweige
- 500 ml trockener Cider

Den Ofen auf 230 °C Ober- und Unterhitze vorheizen.

Die Schwarte mit einem Cuttermesser länglich, in parallelen Linien, einritzen, dabei nur die Schwarte und das Fett einritzen, aber nicht das Fleisch.

Fenchelsamen und Salz mit einem Mörser zerstoßen und vermischen. Wenn ihr keinen Mörser habt, könnt ihr die Samen und das Salz in einen Gefrierbeutel füllen und mit einem Nudelholz zerstoßen.

Den Schweinebauch, mit der Schwarte nach unten, in einen Bräter legen. 1 EL Öl darüber gießen, mit der Hälfte der Fenchel-Salz-Mischung bestreuen und das Fleisch gut einreiben. Den Schweinebauch umdrehen, die restlichen 3 EL Öl darüber gießen und mit der anderen Hälfte der Fenchel-Salz-Mischung einreiben, dabei darauf achten, dass ein Teil der Mischung in die Einkerbungen gelangt.

Den Bräter 20 Minuten in den heißen Ofen stellen, bis die Schwarte anfängt Blasen zu schlagen und sich goldbraun färbt. Bei diesem Vorgang kann sich extrem viel Rauch entwickeln, denn nur so entsteht eine schöne Kruste. Daher sollten die Küchenfenster besser geöffnet und alle Zimmertüren geschlossen sein.

In der Zwischenzeit die Zwiebeln schälen und grob würfeln.

Nach 20 Minuten die Ofentemperatur auf 170 °C Ober- und Unterhitze reduzieren und das Fleisch weitere 20 Minuten garen. Den Bräter aus dem Ofen nehmen und den Schweinebauch herausnehmen. Zwiebeln, ungeschälten Knoblauch und Thymian in den Bräter legen. Den Schweinebauch darauf legen und 250 ml Cider in den Bräter gießen. Zurück in den Ofen stellen und 1:40 h garen.
Die restlichen 250 ml Cider hinzufügen, wenn alle Flüssigkeit im Bräter verdunstet ist.

Das Fleisch aus dem Ofen holen. Die Kruste abschneiden und in Stücke brechen.
Den Schweinebauch mit der Kruste und den gerösteten Zwiebeln servieren.

Dazu passt Rotkohl mit Soja-Sirup (Seite 125) und Süßkartoffelpüree (Seite 119).

Ich erinnere mich noch gut, als ich mit dreizehn das erste Mal mit meinen Eltern in England war und Pfefferminzsauce probieren sollte. Ich war total geschockt – Pfefferminze auf Fleisch, niemals! Aber mit zunehmendem Alter bin ich abenteuerlustiger geworden und habe es nochmal probiert. Und ja, es schmeckt doch richtig gut! Der Duft der Pfefferminzsauce, mit einer leicht säuerlichen Note, passt perfekt zu Lammfleisch. Also los, probiert es selbst!

FETA-CRUSTED RACK OF LAMB WITH MINT SAUCE

LAMMKARREE MIT FETAKRUSTE UND MINZSAUCE

4 Personen • Zubereitung 20 Min. • Marinieren 30 Min.-24 h • Backen 30-35 Min. + 10 Min. Ruhen • Etwas aufwendig

8 Lammkarrees
1 TL Thymian
1 EL Olivenöl
abgeriebene Schale von ½ Zitrone
2 Knoblauchzehen, gepresst

Für die Kruste:
25 g Paniermehl
abgeriebene Schale von ½ Zitrone
1 EL frische Petersilie, gehackt
60 g Feta, zerbröselt

Für die Pfefferminzsauce:
4 EL frische Minze, gehackt
1 TL Zucker
eine Prise Salz
1 EL kochendes Wasser
3 EL Weißweinessig

Zuerst das Lamm marinieren. Dazu Thymian, Olivenöl, Zitronenschale und Knoblauch in einer kleinen Schüssel vermischen. Das Lammkarree in eine nicht-metallische Auflaufform legen und mit der Marinade überall gut einreiben.

Mit Frischhaltefolie abdecken und mindestens 30 Minuten oder bis zu 24 Stunden im Kühlschrank marinieren lassen.
Aufpassen! Wenn ihr das Lamm innerhalb von einer Stunde weiterverarbeitet, dann nicht kalt stellen. Das Lamm muss Raumtemperatur haben, wenn es zubereitet wird.

Für die Minzsauce alle Zutaten vermengen und 30 Minuten beiseitestellen, sodass sich die Aromen gut vermischen.

Wenn das Lamm fertig mariniert ist, den Ofen auf 200 °C Ober- und Unterhitze vorheizen. Das Lamm mit Salz und Pfeffer würzen. Eine Bratpfanne erhitzen und das Karree auf der Fleischseite 1 Minute scharf anbraten. Dann wenden, 1 weitere Minute auf der fetthaltigen Seite scharf anbraten und in einen Bräter legen.

Für die Kruste alle Zutaten in einer Schüssel vermengen. Dann auf die fetthaltige Seite des Lammkarrees geben und gut andrücken, sodass es festklebt. Das Lamm im Ofen 30-35 Minuten garen. In der Mitte anschneiden und prüfen, ob es die gewünschte Garstufe erreicht hat. Wenn nicht, nochmals für ein paar Minuten in den Ofen schieben.
Wenn das Lammkarree fertig ist, aus dem Ofen nehmen und 10 Minuten ruhen lassen. Mit Alufolie abdecken, damit es warm bleibt.

Mit der Minzsauce und Kartoffelgratin servieren (Seite 133).

Was wäre Weihnachten ohne einen Truthahn? Dabei muss es nicht immer ein ganzer Vogel sein, auch Putenbrust eignet sich hervorragend für das Rezept nach Wellington Art. Es macht viel her, ist aber dennoch leicht vorzubereiten. Wenn die Gäste da sind, muss das mit Blätterteig ummantelte Fleisch nur noch in den Ofen und ihr könnt euch um wichtigere Dinge kümmern. Das Rezept ist für zwei „Wellingtons", d.h. für vier Personen. Ihr könnt das Rezept für beliebig viele Gäste anpassen.

TURKEY WELLINGTON WITH CRANBERRY SAUCE

TRUTHAHN WELLINGTON MIT PREISELBEERMARMELADE

4 Personen • Zubereitung 1 h • Backen 30 Min. • Etwas aufwendig

Für den Truthahn Wellington:

- 500 g Champignons
- 2 Schalotten
- 30 g Butter
- 2 Knoblauchzehen
- 4 EL Weißwein
- ½ TL Thymian
- 8 Truthahnfilets oder 800 g Truthahnbrust
- 40 g getrocknete Preiselbeeren
- 3 EL Sonnenblumenöl
- 500 g Blätterteig
- 12 Scheiben Parmaschinken
- 1 Ei, verquirlt

Zuerst die Duxelle zubereiten. Schalotten und Knoblauch schälen. Pilze und Schalotten fein hacken, Knoblauch pressen.

Die Butter in einer großen Bratpfanne schmelzen und die Schalotten glasig dünsten.

Den Knoblauch hinzufügen und 1 weitere Minute dünsten.

Pilze, Wein und Thymian hinzufügen und bei hoher Hitze braten, bis die Flüssigkeit verdampft ist. Mit Salz und Pfeffer würzen, auf einen Teller geben und beiseitestellen.

Das Fleisch zubereiten. Wenn ihr Schnitzel verwendet: 2 Schnitzel aufeinanderlegen, die Hälfte der getrockneten Preiselbeeren darüber verteilen und 2 weitere Schnitzel drauf legen. Mit den restlichen Schnitzeln und Beeren genauso verfahren.

Für die Zubereitung der Truthahnbrüste: Die Brüste der Länge nach einschneiden, sodass eine Tasche entsteht. Mit den getrockneten Preiselbeeren füllen.

Das Fleisch mit Garn umwickeln, sodass die Beeren beim Braten nicht rausfallen können. Mit Salz und Pfeffer würzen.

Das Öl in einer Bratpfanne erhitzen und das Fleisch anbräunen. Wenn es gut gebräunt ist, auf einen Teller legen und abkühlen lassen. Die Pfanne nicht säubern, sondern für später beiseitestellen.

Wenn das Fleisch abgekühlt ist, den Ofen auf 180 °C Ober- und Unterhitze vorheizen.

Den Blätterteig ausrollen und in 4 identische längliche Stücke schneiden.
2 Stücke mit je 3 Scheiben Parmaschinken belegen und dabei einen Rand von 2 cm rundherum frei lassen. Den Schinken mit ⅔ der Pilzduxelle bestreichen.

Das Garn um das Fleisch herum entfernen und je ein Stück Fleisch auf die Pilzduxelle legen. Mit den restlichen Pilzen bestreichen und mit dem restlichen Parmaschinken belegen.

TURKEY WELLINGTON WITH CRANBERRY SAUCE

Für die Bratensauce:
50 g Butter
60 g Zwiebeln
1 EL Honig
1 EL Rotweinessig
400 ml Rotwein
300 ml Geflügelbrühe
2 TL Speisestärke
2 EL Sahne

Für die Preiselbeermarmelade:
250 g gefrorene Preiselbeeren
100 ml Portwein
100 g Zucker

Die freien Blätterteigränder mit Ei bestreichen und die 2 restlichen Blätterteigplatten auf das Fleisch legen und an den Enden gut festdrücken. Alles mit Ei bestreichen und ein Rautenmuster in den Blätterteig ritzen. Auf ein mit Backpapier belegtes Blech legen.

Den Truthahn Wellington 30 Minuten backen.

Für die Bratensauce die Zwiebel schälen und fein hacken. 20 g Butter in der vorher benutzten Pfanne erhitzen. Die Zwiebeln glasig dünsten, dann den Honig hinzufügen und weiter dünsten, bis sie goldbraun sind. Den Rotwein und Rotweinessig hinzufügen und aufkochen lassen.

Die Flüssigkeit auf die Hälfte reduzieren, die Geflügelbrühe hinzufügen und nochmal aufkochen lassen.

Die restlichen 30 g Butter schmelzen, mit der Stärke mischen und in die Sauce gießen.
Die Sahne hinzufügen und würzen. Nochmal aufkochen lassen, dann einige Minuten köcheln lassen, bis die Sauce eindickt. Die Sauce durch ein Sieb passieren und in eine Sauciere schütten.

Für die Preiselbeermarmelade die gefrorenen Beeren, den Portwein und den Zucker in einen Topf geben und aufkochen lassen. 10 Minuten kochen lassen, bis die Flüssigkeit eingekocht ist. Dann in eine Sauciere gießen.

Wenn der Truthahn Wellington gar ist, in dicke Scheiben schneiden und mit Bratensauce und Preiselbeermarmelade servieren.

TIPP

Zu diesem Gericht passen gut Süßkartoffelpüree (Seite 119) und Wirsing mit Fenchelsamen (Seite 126) als Beilage.
Den Truthahn Wellington könnt ihr auch im Voraus zubereiten. Er ist im Kühlschrank einen Tag gut haltbar. ½ Stunde vor dem Backen aus dem Kühlschrank nehmen, damit das Fleisch nicht kalt in den Ofen kommt.

Wenn ihr keine gefrorenen Preiselbeeren bekommt, könnt ihr auch getrocknete verwenden. 125 g in 100 ml heißem Wasser 30 Minuten einweichen. Dann mit 100 ml Portwein und 40 g Zucker aufkochen.

Die süßen, farbigen Knollen enthalten sehr viele Nähr- und Vitalstoffe. Sie wirken sich gut auf unsere Gesundheit aus und schmecken köstlich. Obwohl sie mit den altbekannten Erdäpfeln nichts zu tun haben, kann man mit den Bataten dennoch ein herrliches Püree zubereiten.
Eine exotische Alternative zum guten alten Kartoffelpüree.

SWEET POTATO MASH

SÜSSKARTOFFELPÜREE

4 Personen • Zubereitung 15 Min. • Garen 15 Min. • Schnell & Einfach

1 kg Süßkartoffeln
4 EL Sauerrahm
¼ TL Muskatnuss
Salz und Pfeffer

Die Süßkartoffeln schälen und in Würfel schneiden. In einem großen Topf mit Salzwasser 15 Minuten garen. Abtropfen lassen und zerstampfen.

Sauerrahm und Muskatnuss hinzufügen und mit Salz und Pfeffer würzen.

Ein *Sunday Roast* ist wirklich etwas Hervorragendes, aber für Vegetarier kann das manchmal ziemlich nervig sein. Die meisten englischen Pubs servieren einen Nuss-Braten – Scheiben von einem herzhaften Kuchen, mit allen typischen Beilagen und Sauce. Ich muss zugeben, dass ich nie einen wirklich guten Nuss-Braten gegessen habe und deshalb musste eine Alternative zu diesem Klassiker her. Meine Version hat die gleiche Form wie der ursprüngliche Nuss-Braten, aber das waren dann auch schon alle Gemeinsamkeiten. Ich kombiniere aromatischen Basmatireis mit cremigem Lauch und verleihe dem Ganzen einem leicht salzigen Touch durch die Sesam-Champignons. Auch für hartnäckige Fleischliebhaber kann das eine vegetarische Alternative zum Sonntagsbraten sein.

VEGGIE LEEK BAKE WITH SESAME MUSHROOMS

VEGETARISCHER LAUCHKUCHEN MIT SESAM-CHAMPIGNONS

4 Personen • Zubereitung 30 Min. • Kühlen 30 Min. • Backen 45 Min. • Etwas aufwendig

Für die Reis-Grundlage:
150 g Basmatireis
1 kleine Zwiebel
25 g Parmesan
1 EL frischer Koriander, gehackt
1 Ei
¼ TL Chiliflocken

Für den Lauchbelag:
2 große Lauchstangen
30 g Butter
3 EL frischer Koriander, gehackt
1 EL frischer Ingwer, gerieben
2 Eier
150 g Crème fraîche

Für die Champignons:
500 g Champignons
1 EL Sonnenblumenöl
2 TL Sesamöl
1 Knoblauchzehe, gepresst
2 EL Sojasauce
2 EL Sesam

Salz und Pfeffer

Den Basmatireis 10 Minuten in kochendem Salzwasser garen. Abtropfen lassen und in eine Schüssel füllen. 5 Minuten abkühlen lassen.

Die Zwiebel schälen, fein hacken und zum Reis geben. Parmesan, Koriander, Ei und Chiliflocken hinzufügen. Mit Salz und Pfeffer würzen und alles gut vermengen.

Eine Kastenform mit Öl einfetten. Den Reis hineingeben und in der Form fest andrücken. 30 Minuten kalt stellen.

In der Zwischenzeit den Lauch putzen und klein schneiden. Butter in einer Bratpfanne schmelzen und den Lauch mit Koriander und Ingwer darin einige Minuten dünsten, bis der Lauch gar ist. Vom Kochfeld nehmen und 5 Minuten abkühlen lassen. Eier und Crème fraîche hinzufügen und mit Salz und Pfeffer würzen.

Den Ofen auf 170 °C Umluft vorheizen.

Den Lauch auf die Reis-Grundlage geben und 45 Minuten backen.

In der Zwischenzeit die Sesam-Champignons zubereiten. Die Pilze putzen und vierteln. Sonnenblumen- und Sesamöl in einer großen Bratpfanne erhitzen. Knoblauch, Champignons und Sojasauce hinzufügen und dünsten, bis die Pilze gar sind. Sesam hinzufügen, mit Salz und Pfeffer würzen und warm halten, bis der Lauchkuchen fertig ist.

Den Kuchen in Scheiben schneiden und mit den Champignons und einem frischen Salat servieren.

TIPP: Den Lauchkuchen könnt ihr auch gut im Voraus zubereiten. Zuerst nur 35 Minuten backen, dann kalt stellen und vor dem Servieren nochmal 30 Minuten bei 160 °C backen.

SHOREDITCH

Das East End ist mit Sicherheit der hippste Londoner Stadtteil. Um die *Brick Lane* herum drängen sich Vintage-Klamotten-Geschäfte, trendige Coffee Shops, kleine Bars und indische Restaurants. Sonntags bereitet Shoppen hier ein besonderes Vergnügen, wenn kleine Designlabels ihre ausgefallenen Kreationen am *Sunday Upmarket* verkaufen.

KING&QUEEN
KEWL
Feldman
NEZTA ONER
Post
CURLY
THE BANKSY OF STICKERS

Rotkohl ist die perfekte Beilage zu einem winterlichen Fleischgericht. Zum Kohl passen gut warme Gewürze wie Zimt und Sternanis, während die Äpfel eine fruchtige Süße hinzufügen. Ich aromatisiere den Rotkohl zum Schluss gerne noch mit würzigem Soja-Sirup, um dieser klassischen Beilage einen kleinen Kick zu verleihen.

SPICED RED CABBAGE

ROTKOHL MIT SOJA-SIRUP

10 Personen • Zubereitung 25 Min. • Garen 1 h • Einfach

1 Rotkohl (ca. 1 kg)
3 säuerliche Äpfel (Braeburn)
25 g Butter
1 Zwiebel
50 g brauner Zucker
250 ml Rotwein
1 Sternanis
1 Zimtstange
1 Lorbeerblatt
2 Nelken

Für den Soja-Sirup:
150 ml Rotweinessig
75 ml Sojasauce
75 g Johannisbeergelee

Den Kohlkopf halbieren, den Strunk entfernen und in Scheiben schneiden.

Die Äpfel schälen, das Gehäuse entfernen und in 2 cm große Stücke schneiden.

Die Butter in einem großen Topf schmelzen. Die Zwiebel schälen, fein hacken und in der Butter einige Minuten glasig dünsten.

Braunen Zucker, Rotwein, Sternanis, Zimtstange, Lorbeerblatt, Nelken, Rotkohl und Äpfel hinzufügen. Den Topf abdecken und 60 Minuten köcheln lassen, dabei ab und zu umrühren.

Kurz bevor der Kohl gar ist, Rotweinessig, Sojasauce und Johannisbeergelee in einem kleinen Topf erhitzen. Die Flüssigkeit 5 Minuten zu einem Sirup einkochen lassen, dabei ab und zu umrühren.

Wenn der Rotkohl gar ist und alle Flüssigkeit eingekocht ist, den Soja-Sirup darüber gießen und servieren.

Der fertige Rotkohl lässt sich gut portionsweise einfrieren.

Die süßlich duftenden Fenchelsamen harmonieren herrlich mit dem scharfen Wirsinggeschmack und die Sojasauce liefert die salzige Dimension. Eine Gemüsebeilage, die sehr gut zu Schweinefleisch passt.

CABBAGE WITH FENNEL SEEDS

WIRSING MIT FENCHELSAMEN

4-6 Personen • Zubereitung 5 Min. • Garen 16 Min. • Schnell & Einfach

1 Wirsingkohl
2 EL Olivenöl
10 EL Wasser
1 TL Fenchelsamen
4 TL Sojasauce

Den Wirsing halbieren, den Strunk entfernen, die Blätter in Streifen schneiden.

1 EL Öl in einer großen Pfanne erhitzen. Die Hälfte des Kohls darin einige Minuten andünsten. 5 EL Wasser hinzufügen, weiter dünsten und dabei umrühren.

Wenn das Wasser verdampft ist und der Wirsing anfängt sich zu kräuseln, die Hälfte des Fenchels und 2 TL Sojasauce hinzufügen. 4 Minuten weiter garen, bis der Kohl anfängt zu schmoren.

Den Wirsing aus der Pfanne nehmen und beiseitestellen.

Die andere Hälfte des Kohl genauso zubereiten. Zum Schluss die erste Hälfte des Kohls wieder zurück in die Pfanne geben und aufwärmen.

TIPP

Das Wirsinggemüse lässt sich gut im Voraus zubereiten. Vor dem Servieren kurz erwärmen.

THAI DURIAN
泰国榴莲
£8.99

Whisky und Karotten? Es ist zwar eine ungewöhnliche Gemüsebeilage, aber ja, warum nicht! Ich bevorzuge dafür einen leicht rauchigen Whisky, der den Karotten das gewisse Etwas verleiht.
Natürlich könnt ihr auch euren Lieblingswhisky verwenden oder die Karotten alkoholfrei zubereiten – aber dann entgeht euch was!

WHISKY CARROTS WITH HONEY

WHISKY-KAROTTEN MIT HONIG

4 Personen • Zubereitung 10 Min. • Backen 50 Min. • Einfach

800 g Karotten
20 g Butter, geschmolzen
1 TL Honig
3 EL Whisky
1 Rosmarinzweig
Salz und Pfeffer

Den Ofen auf 200 °C Umluft vorheizen.

Die Karotten waschen. Wenn die Schale schön genug ist, kann sie dran bleiben, ansonsten schälen. Die Karotten der Länge nach vierteln und in eine Auflaufform geben.

Butter, Honig und 2 EL Whisky in einer kleinen Schüssel mischen und über die Karotten gießen. Rosmarinnadeln von den Zweigen zupfen und über die Karotten streuen. Mit Salz und Pfeffer würzen.

Die Karotten 40 Minuten im Ofen garen, dann den restlichen Whisky hinzufügen und weitere 10 Minuten backen, bis sie schön karamellisiert sind.

Pastinaken habe ich erst bei meinem Umzug nach England entdeckt und bin über diesen Zuwachs in meinem Gemüserepertoire sehr glücklich. Honig passt perfekt zu diesen süßen Wurzeln und der Kreuzkümmel verleiht ihnen einen warmen, orientalischen Touch.

ROAST CUMIN PARSNIPS

GERÖSTETE KREUZKÜMMEL-PASTINAKEN

4 Personen • Zubereitung 15 Min. • Garen 5 Min. • Backen 35 Min. • Einfach

500 g Pastinaken
1 EL Mehl
1 TL Kreuzkümmelsamen
2 EL Sonnenblumenöl
2 TL Honig
Salz und Pfeffer

Den Ofen auf 200 °C Umluft vorheizen.

Die Pastinaken schälen und der Länge nach in dünne Streifen schneiden.
In kochendem Salzwasser 5 Minuten garen, abtropfen und einige Minuten ausdampfen lassen.

Die Pastinaken in eine Auflaufform geben, mit Mehl und Kümmelsamen bestreuen und die Form schütteln, sodass alles gleichmäßig verteilt ist.
Mit dem Sonnenblumenöl beträufeln und 30 Minuten backen, dabei einmal wenden.

Nach 30 Minuten die Pastinaken mit dem Honig beträufeln und nochmal 5 Minuten backen.

Vor dem Servieren mit Salz und Pfeffer würzen.

Kartoffelgratin ist eine meiner liebsten Beilagen. Reibt die Auflaufform vorher mit einer Knoblauchzehe ein – so erhalten die Kartoffeln ein dezentes Knoblaucharoma.

DAUPHINOISE POTATOES

KARTOFFELGRATIN

8 Personen • Zubereitung 20 Min. • Backen 1 h • Einfach

1,3 kg festkochende Kartoffeln (Désirée)
1 Knoblauchzehe, geschält
60 g Butter
250 ml Milch
250 ml Sahne
2 Eier
150 g geriebener Cheddar oder Gruyère
eine Prise Muskat
Salz und Pfeffer

Den Ofen auf 180 °C Umluft vorheizen.

Die Kartoffeln schälen und in dünne Scheiben hobeln.

Die Auflaufform mit einer geschälten Knoblauchzehe einreiben, sodass sich der Knoblauchgeruch entfaltet. Die Form ausbuttern.

Die Kartoffeln in der Form drapieren.

Die Butter schmelzen und mit Milch, Sahne, Eiern und Käse vermischen. Eine Prise Muskat hinzufügen und mit Salz und Pfeffer würzen.

Die Milch-Mischung über die Kartoffeln gießen und ca. 1 Stunde im Ofen backen, bis die Kartoffeln gar und goldbraun sind.

Oft liebevoll einfach nur *Roasties* genannt, sind Ofenkartoffeln ein absolutes Muss zu jedem Sonntagsessen. Außen schön knusprig und innen herrlich weich: perfekt zu jeder Sauce – eine himmlische Beilage.

ROAST POTATOES

OFENKARTOFFELN

4 Personen • Zubereitung 15 Min. • Backen 50 Min. • Einfach

1,25 kg mehlige Kartoffeln
25 g Butter
8 EL Olivenöl
3 Knoblauchzehen, ungeschält
Salz

Den Ofen auf 180 °C Umluft vorheizen.

Die Kartoffeln schälen und in gleich große Stücke schneiden.

Kartoffeln in Salzwasser 5-6 Minuten kochen, bis sie fast gar sind (sie sollten immer noch fest sein, wenn man reinsticht). Abtropfen lassen und im Sieb hin- und herschütteln, bis die Kartoffeln leicht aufgeraut sind – das macht sie dann später richtig knusprig.

Butter und 4 EL Olivenöl in eine Auflaufform geben und im Ofen 5 Minuten erhitzen. Die Form wieder herausnehmen und die Kartoffeln hineingeben. Die ungeschälten Knoblauchzehen zerdrücken und zu den Kartoffeln geben. Alles salzen und 50 Minuten backen.

Nach 25 Minuten die Kartoffeln wenden und mit den restlichen 4 EL Olivenöl beträufeln.

TIPP

Für einen intensiveren Geschmack könnt ihr noch frischen Rosmarin hinzufügen oder Butter und Olivenöl durch 10 EL Gänseschmalz ersetzen.

Wenn die Kartoffeln nicht so fett sein sollen, das Olivenöl auf 4 EL reduzieren.

Die traditionell zubereiteten Brathähnchen werden normalerweise mit dieser Brotmischung gefüllt, damit sie beim Garen nicht austrocknen. Ich forme aus der Brotmischung gerne *Stuffing Balls* und serviere sie als Beilage. Die Klöße sind die englische Antwort auf deutsche Semmelknödel, schmecken toll zu meinem Rosmarin-Hähnchen (Seite 107) und saugen perfekt die leckere Bratensauce auf. Hmmm, yummy!

STUFFING

STUFFING

4-6 Personen • Zubereitung 20 Min. • Backen 20 Min. • Einfach

- 150 g Toastbrot
- 2 Zwiebeln
- 1 EL Butter
- 1 EL Olivenöl
- 1 EL frischer Rosmarin, gehackt
- 4 Scheiben Speck
- 1 Ei
- 50 ml Geflügelbrühe
- 5 EL frische Petersilie, gehackt
- Salz und Pfeffer

Den Ofen auf 180 °C Umluft vorheizen.

Das Brot zum Trocknen toasten.

Die Zwiebeln schälen und fein hacken. Butter und Olivenöl in einer Bratpfanne erhitzen und die Zwiebeln mit dem Rosmarin 3 Minuten dünsten. Den Speck klein schneiden, zu den Zwiebeln hinzufügen und weitere 2 Minuten braten. Vom Kochfeld nehmen.

Das Brot in einen Mixer geben und zu Paniermehl verarbeiten.
In eine Schüssel geben und Ei, Geflügelbrühe, Zwiebeln und Petersilie hinzufügen.
Mit Salz und Pfeffer würzen und alles gut vermischen.

Je eine kleine Portion der Mischung mit den Händen zu kleinen Bällen (Größe Pingpong-Ball) formen. Dabei die Masse gut zusammendrücken, sodass sie zusammenhält.

Die fertigen Stuffing Balls in eine gefettete Auflaufform geben und 20 Minuten backen, bis sie goldbraun und knusprig sind.

Yorkshire Puddings sind eine der typischen Beilagen zum Sonntagsbraten. Der Teig ähnelt dem Pfannkuchenteig und ist schnell und einfach in der Zubereitung. Das Geheimnis der perfekten *Yorkshire Puddings*? Lasst die Ofentür während des Backens geschlossen. Das Öffnen würde den aufgepufften Teig zusammenfallen lassen.

YORKSHIRE PUDDINGS

YORKSHIRE PUDDINGS

Ergibt 12 Stück • Zubereitung 5 Min. • Backen 20 Min. • Einfach

140 g Mehl
4 Eier
200 ml Milch
Sonnenblumenöl
Salz und Pfeffer

Den Ofen auf 220 °C Umluft vorheizen.

In jede Mulde einer 12er Muffinform ½ TL Öl geben.

Die Form 5 Minuten in den Ofen stellen, sodass sich das Öl erhitzt.

In der Zwischenzeit den Teig herstellen. Mehl und Eier in einer Schüssel mischen. Nach und nach dic Milch eingießen und weiter verrühren, bis ein glatter Teig entsteht. Großzügig mit Salz und Pfeffer würzen.

Die Muffinform aus dem Ofen nehmen und die Mulden zur Hälfte mit dem Teig befüllen.

20 Minuten im Ofen backen, dabei die Backofentür nicht öffnen, da sonst die Küchlein zusammenfallen.

Mit Roastbeef und Sauce (Seite 104) servieren.

London ist absolut multikulturell und hat eine der größten und interessantesten Food-Szenen der Welt. Hier ist eine kleine Auswahl meiner liebsten Klassiker aus Indien, Thailand, Japan und China.

International Feasts

Die chinesische Küche hat tolle Vorspeisen; einer meiner Favoriten ist dieses Tofugericht. Es ist einfach zuzubereiten und eignet sich hervorragend für Partys. Am besten verwendet man Seidentofu, weil die Textur viel weicher ist als bei normalem Tofu. In asiatischen Supermärkten ist er meistens leicht zu finden. Fischliebhaber können den Tofu auch durch Tintenfisch ersetzen.

SALT AND PEPPER TOFU

KNUSPRIGER SEIDENTOFU

4 kleine Portionen • Zubereitung 10 Min. • Garen 6-10 Min. • Schnell & Einfach

500 g Seidentofu (oder normaler Tofu)
5 Frühlingszwiebeln
1 frische rote Chili
2 Knoblauchzehen
60 g Speisestärke
1 EL Salz
1 EL schwarzer Pfeffer
Sonnenblumenöl, zum Braten
1 EL Sesamöl
1 TL frischer geriebener Ingwer

Sojasauce, zum Servieren

Den Tofu vorsichtig mit Küchenpapier trocken tupfen und in mundgerechte Stücke schneiden.

Die Frühlingszwiebeln putzen und in feine Ringe schneiden. Chili entkernen und klein schneiden. Die Knoblauchzehen schälen, pressen und beiseitestellen.

Die Speisestärke auf einen flachen Teller geben und Salz und Pfeffer hinzufügen. Den Tofu in der Stärke wenden.

Den Boden einer Pfanne mit dem Sonnenblumenöl bedecken und bei mittlerer Temperatur erhitzen. Die Tofuwürfel in dem heißen Öl 5 Minuten braten, dabei ab und zu wenden, bis der Tofu golden und knusprig wird. Den fertigen Tofu auf Küchenpapier abtropfen lassen.

Das Bratfett abgießen und das Sesamöl in die Pfanne geben. Bei mittlerer Hitze Frühlingszwiebeln, Chili, Knoblauch und Ingwer 1 Minute dünsten, bis die Frühlingszwiebeln weich werden. Die Hitze reduzieren und den Tofu in die Pfanne geben, mit der Chili-Mischung vermengen und auf einem Teller anrichten.

Mit Sojasauce servieren.

Samosas sind oft in einen dicken, buttrigen Teig eingepackt, was sie sehr schwer macht. Diese hier sind genau das Gegenteil. Kleine feine Päckchen aus hauchdünnem Filoteig. Dadurch steht nicht der Teig, sondern die Füllung im Mittelpunkt. Ein fantastischer indischer Snack.

SAMOSAS

SAMOSAS

Ergibt 12 Stück • Zubereitung 45 Min. • Garen 10 Min. • Backen 12 Min. • Etwas aufwendig

- 250 g Kartoffeln
- 1 kleine Zwiebel
- 1 EL Sonnenblumenöl
- 1 Knoblauchzehe, gepresst
- 1 TL frisch geriebener Ingwer
- 1 TL Garam Masala
- 1 TL Kreuzkümmelsamen
- ½ TL Senfkörner
- 1 TL getrocknete Chiliflocken
- 70 g gefrorene Erbsen
- 12 Blätter Filoteig
- 120 g geschmolzene Butter
- schwarzer Sesam, zum Bestreuen (nach Wunsch)
- Salz

- Mango Chutney, zum Servieren

Die Kartoffeln schälen, in ½ cm kleine Würfel schneiden und beiseitestellen.

Die Zwiebel schälen, fein hacken und mit dem Öl in einer Pfanne 4 Minuten glasig dünsten. Knoblauch und Ingwer hinzufügen und 1 weitere Minute braten. Garam Masala, Kümmelsamen, Senfkörner und Chiliflocken hinzufügen und gut vermischen.

Die Kartoffeln hinzufügen und mit 400 ml Wasser aufgießen. Zum Kochen bringen und 5 Minuten garen. Dann die gefrorenen Erbsen hinzufügen, salzen und weitere 5 Minuten kochen, bis alle Flüssigkeit eingekocht ist. Vom Kochfeld nehmen.

Den Ofen auf 200 °C Umluft vorheizen.

Den Filoteig der Länge nach in 3 Streifen schneiden. 2 Streifen davon sofort verwenden. Den Rest in Klarsichtfolie einpacken und mit einem feuchten Geschirrtuch bedecken, sodass der Teig nicht austrocknet.

Den ersten Teigstreifen mit der schmalen Seite nach unten vor sich hin legen und mit der geschmolzenen Butter bestreichen. Den zweiten Teigstreifen auf den ersten Streifen legen und ebenfalls buttern.

1 EL Kartoffelfüllung in die Mitte des unteren Teils des Streifens geben, dabei 2 cm Rand lassen. Die rechte Teigecke diagonal auf die linke obere Ecke über der Füllung falten, sodass diese eingepackt ist und ein Dreieck entsteht. Nochmals entlang der oberen Kante des Dreiecks falten. Alles weiter nach oben zusammenfalten, bis zum Ende des Streifens.

Das fertige Teigdreieck mit Butter bestreichen und mit Sesam bestreuen.

Auf ein Backblech legen und die restlichen Samosas herstellen.

12 Minuten im Ofen backen, bis die Samosas goldgelb sind.

Mit Mango-Chutney servieren.

TIPP

Die gebackenen Samosas lassen sich auch gut einfrieren.
Anstelle von geschmolzener Butter könnt ihr auch Sonnenblumenöl verwenden.

Ich habe ein echtes Faible für chinesische *Dim Sums*. Ganz egal ob gedämpft oder gebraten, ich bin einfach verrückt nach diesen kleinen Köstlichkeiten. Die Teigtaschen sind toll, aber auch extrem schwer und aufwendig herzustellen - so dachte ich jedenfalls bislang. Meine chinesischen Freunde Kenny und Sophie sind Meister in der Zubereitung und haben mich zu einem ihrer zahlreichen Kochwettbewerbe eingeladen.
Von ihnen habe ich zwar gelernt, diesen delikaten Teig herzustellen und zu verarbeiten, doch einfach ist es dennoch nicht. Eine gute Alternative sind gefrorene *Dim-Sum*-Blätter.
Trotzdem ein riesiges Dankeschön an Kenny für das leckere Rezept der Füllung.

BEIJING DUMPLINGS

DIM SUM

Ergibt 35 Stück • Zubereitung 1 h • Dämpfen 7 Min. pro Portion • Etwas aufwendig

- 100 g Schnittlauch
- 250 g Schweinehackfleisch
- 1 ½ TL frisch geriebener Ingwer
- 1 EL chinesischer Kochwein
- 1 TL Olivenöl
- 1 EL Sesamöl
- 1 EL helle Sojasauce
- ½ TL dunke Sojasauce
- ¼ TL Salz
- 2 EL Geflügelbrühe oder Wasser
- 35 aufgetaute Wan-Tan-Blätter (siehe "Meine Vorratskammer")

- Chinesisches Chiliöl, zum Servieren

Den Schnittlauch in feine Ringe schneiden und mit allen anderen Zutaten (außer den Wan-Tan-Blättern) in eine Schüssel geben und zu einer Farce vermischen.

Pro Wan-Tan-Blatt 1 gehäuften TL Hackfleisch in die Mitte des Blattes geben. Den Zeigefinger in Wasser tunken und eine Hälfte des Wan-Tan-Randes damit anfeuchten.

Den Rand länglich hochklappen, so dass die Füllung abgedeckt wird und es die Form einer länglichen Teigtasche hat. Das Dim Sum in beide Hände nehmen und mit den Fingern den Rand fest andrücken. Die fertigen Teigtaschen auf ein bemehltes Blech legen.

Zum Dämpfen ein Stück Backpapier auf die Größe des Bambus-Dampfkorbes zurechtschneiden und hineinlegen. Ein paar Teigtaschen darauflegen und den Bambuskorb in einen großen Topf auf große Hitze stellen. Kochendes Wasser in den Topf schütten. Das Wasserniveau muss unter den Teigtaschen sein, da sie nur gedämpft und nicht gekocht werden. Den Bambuskorb abdecken und 7 Minuten dämpfen.

Den Vorgang mit den restlichen Teigtaschen wiederholen.

Die Dim Sum mit Chiliöl servieren.

TIPP

Als leckere Beilage eignet sich Wirsing mit Fenchelsamen (Seite 126).

Dies ist wohl das bekannteste Curry in England. Ob ihr es glaubt oder nicht, aber jedes siebte Curry, das in England verkauft wird, ist ein *Chicken Tikka Masala* – also kein Wunder, dass es mittlerweile als ein typisches Nationalgericht betrachtet wird.

CHICKEN TIKKA MASALA

HÄHNCHENCURRY TIKKA MASALA

4 Personen • Zubereitung 30 Min. • Marinieren 2-8 h • Garen 45 Min. • Etwas aufwendig

4 Hähnchenbrüste

Für die Marinade:
1 TL Kreuzkümmelsamen
2 Knoblauchzehen
3 cm frischer Ingwer
1 frische rote Chili
1 TL Garam Masala (indische Gewürzmischung)
1 TL geräuchertes Paprikapulver
1 TL Salz
150 ml Joghurt
Saft von ½ Zitrone

Für die Sauce:
2 Zwiebeln
5 cm frischer Ingwer
1 EL Kokosraspeln
2 EL gemahlene Mandeln
2 EL Sonnenblumenöl
2 TL Garam Masala
½ TL Kurkumapulver
400 g gehackte Tomaten (Dose)
½ TL brauner Zucker
250 ml Geflügelbrühe
150 ml Sahne
Zitronensaft, zum Würzen (nach Wunsch)

Korianderblätter

Zuerst die Marinade zubereiten. Die Kreuzkümmelsamen in einer Pfanne fettfrei rösten, bis sie braun werden. Anschließend in einen Mixer geben. Knoblauch und Ingwer schälen. Den grünen Stil von der Chili entfernen und zusammen mit Knoblauch und Ingwer in den Mixer geben und pürieren. Gewürze, Joghurt und Zitronensaft hinzufügen und nochmal pürieren.

Die Hähnchenbrüste waschen, trocken tupfen und mehrmals kreuzweise einritzen.
In eine flache Schüssel geben, mit der Marinade bedecken und die Einkerbungen im Fleisch gut mit der Marinade einreiben. Abdecken und mindestens 2 Stunden oder bis zu 8 Stunden kalt stellen.

Wenn das Fleisch mariniert ist, die Sauce zubereiten. Kokosraspeln und Mandeln in einer Pfanne fettfrei rösten. Sobald sie dunkel werden und anfangen zu duften, von der Kochstelle nehmen und beiseitestellen.
Zwiebeln und Ingwer schälen und im Mixer zerkleinern. Das Öl in einer großen Pfanne erhitzen, die Gewürze und die Zwiebel-Ingwer-Mischung auf mittlerer Hitze 5 Minuten anbraten. Gehackte Tomaten, Zucker und eine Prise Salz hinzufügen und weitere 5 Minuten köcheln lassen.

Den Ofengrill auf höchster Stufe vorheizen. Die marinierte Hähnchenbrust auf ein Backblech legen und 12 Minuten grillen, bis das Fleisch leicht verschmort ist. Zwischenzeitlich einmal wenden.

Die Geflügelbrühe erhitzen, zur Sauce geben und 12 Minuten köcheln lassen.
Kokosraspeln und Mandeln hinzufügen und umrühren.

Das Hähnchen in große Stücke schneiden, zu der Tomatensauce geben und 10 Minuten köcheln lassen. Die Sahne unterrühren und leicht erhitzen.
Die Sauce nach Wunsch mit Zitronensaft würzen.

Das Curry mit Koriander bestreuen und mit Basmatireis und Naanbrot servieren.

CHINATOWN

Londons Chinatown ist vielleicht klein, aber dank chinesischer Restaurants, Bäckereien und Supermärkte voller Leben. Hier könnt ihr traditionelle Dim Sum oder Pekingente genießen, ohne einen Reisepass einpacken zu müssen.

Ein gutes *Lentil Dhal* gehört einfach zu einer Curry-Night dazu. Mein Linseneintopf ist besonders cremig, da ich ihn mit Kokosnussmilch koche. Ich bereite mir gerne eine große Portion im Voraus zu, bewahre sie im Tiefkühler auf, sodass ich immer darauf zurückgreifen kann, wenn ich an einem kalten, grauen Tag Lust auf einen leckeren, wärmenden Eintopf habe.

LENTIL DHAL

INDISCHER LINSENEINTOPF

4 Personen • Zubereitung 15 Min. • Garen 20 Min. • Einfach

- 2 Zwiebeln
- 1 frische rote Chili
- 5 EL Sonnenblumenöl
- 1½ EL Kreuzkümmelsamen
- 1 TL frisch geriebener Ingwer
- 1 TL Kurkuma (nach Wunsch)
- 2 TL Garam Masala (indische Gewürzmischung)
- 250 g rote Linsen
- 1 TL Salz
- 400 ml Kokosnussmilch
- 2 Tomaten

Koriander, zum Bestreuen

Zwiebeln schälen. Eine Zwiebel fein hacken, die andere halbieren und in Ringe schneiden. Den Stiel der Chili entfernen und die Chili ebenfalls fein hacken.

1 EL Öl in einem Topf erhitzen und die gehackten Zwiebeln (die halben Zwiebelringe für später aufbewahren), Chili, 1 EL Kreuzkümmelsamen und Ingwer darin 5 Minuten dünsten, bis die Zwiebeln glasig sind. Kurkuma und Garam Masala hinzufügen und eine weitere Minute dünsten.

Linsen, Salz, Kokosnussmilch und 300 ml Wasser hinzufügen und zum Kochen bringen. Die Hitze reduzieren und 15 Minuten köcheln lassen.

Von den Tomaten den Stielansatz entfernen, Tomaten grob hacken und zu den Linsen hinzufügen. Weitere 5 Minuten köcheln lassen, bis die Linsen gar sind.

In der Zwischenzeit die restlichen 4 EL Öl in eine Pfanne geben. Den ½ EL Kreuzkümmelsamen und die Zwiebelringe darin bei mittlerer Hitze 10 Minuten frittieren, bis sie kross sind.

Das Linsengericht mit den krossen Zwiebeln garnieren und mit Naan-Brot oder Reis servieren.

Ein *Lassi*-Getränk auf Joghurt-Basis wird oft zu indischen Gerichten serviert, da der Fettgehalt die Schärfe des Essens mildert. Ich trinke das Mango Lassi gerne zum Frühstück – natürlich ohne ein Curry dazu zu essen! Als Alternative könnt ihr mal versuchen, anstatt Kardamom Zimt zu nehmen; schmeckt auch sehr lecker.

MANGO LASSI

MANGO LASSI

4 Personen • Zubereitung 5 Min. • Einfach

- 2 Dosen Mango (460 g abgetropft)
- 6 EL Mangosaft aus der Dose
- 200 g Joghurt
- 1 TL Kardamom-Pulver

Mangoscheiben, Mangosaft und Joghurt in einen Mixer geben und mixen, bis es eine glatte Konsistenz hat. Ihr könnt etwas Wasser hinzufügen, wenn ihr eine dünnere Konsistenz bevorzugt.

Das Mango Lassi auf 4 Gläser verteilen und vor dem Servieren mit einer Prise Kardamom-Pulver bestreuen.

Jedes Mal, wenn ich in Chinatown bin, bestelle ich mir einen Teller von diesen herrlich scharfen Nudeln. Dieses chinesische Gericht ist für mich die asiatische Version der Spaghetti Bolognese. Es besteht hauptsächlich aus pfannengerührtem Hackfleisch und würzigen Brühnudeln – alles natürlich serviert mit *Pak Choi*, damit man auch ein bisschen gesundes Gemüse dazu isst.

DANDAN NOODLES

CHINATOWN-NUDELN

4 Personen • Zubereitung 30 Min. • Einfach

2 Pak Choi
600 g frische asiatische Eiernudeln

Für die Sauce:
120 ml Geflügelbrühe
4 EL Sojasauce
1 EL Erdnussbutter
2 EL Balsamico-Essig
2-4 EL Chiliöl
4 TL Sesamöl
2 TL Zucker

Für das Fleisch:
6 Frühlingszwiebeln
2 EL Öl
4 Knoblauchzehen, gepresst
2 TL frischer Ingwer, gerieben
500 g Rinderhackfleisch
2 EL Reiswein oder trockener Sherry (nach Wunsch)

Alle Zutaten für die Sauce in einer Schüssel vermischen und beiseitestellen.

Die Frühlingszwiebeln putzen und in feine Ringe schneiden.

Das Öl in einer Bratpfanne erhitzen, Frühlingszwiebeln, Knoblauch und Ingwer hinzufügen und 1 Minute andünsten. Das Hackfleisch hinzufügen und unter Rühren 5 Minuten anbraten, bis das Fleisch braun und kross wird.
Zum Ablöschen Reiswein, Sherry oder 2 EL Sauce hinzufügen.

In der Zwischenzeit einen Topf mit Salzwasser zum Kochen bringen.
Den Pak Choi waschen, in 5 cm große Stücke schneiden und 1 Minute kochen.
Mit einem Schaumlöffel herausnehmen und beiseitestellen.
Das Kochfeld ausschalten und die Nudeln ein paar Minuten im heißen Wasser ziehen lassen, bis sie gar sind.

Die Sauce in einem Topf erhitzen.

Die Nudeln abtropfen lassen, in eine Schale füllen und mit der Sauce übergießen.
Mit dem krossen Hackfleisch und Pak Choi garnieren.

TIPP

Anstelle von frischen asiatischen Nudeln könnt ihr auch 250 g getrocknete Eiernudeln verwenden und nach Packungsanleitung kochen.

Schon mal ein japanisches Schnitzel gegessen? *Katsu Curry* ist ein tolles asiatisches Gericht, das an ein Schnitzel mit Currysauce erinnert. Zum Glück gibt es in London einige Plätze, wo dieses Gericht richtig gut zubereitet wird, denn das Geheimnis liegt in der besonderen Konsistenz der Currysauce. Ich dachte immer, die Zubereitung der Sauce sei schwierig, aber es ist denkbar einfach. Probiert es aus!

KATSU CURRY

JAPANISCHES KATSU-CURRY

4 Personen • Zubereitung 30 Min. • Garen 20 Min. • Etwas aufwendig

Für das Salatdressing:
40 g Mayonnaise
½ TL Senf
3 EL Reisweinessig (oder Weißweinessig)
2 EL Sonnenblumenöl
2 TL frischer Ingwer, gerieben
4 TL Sojasauce

4 Schweinefiletmedaillons
4 EL Mehl
1 Ei
8 EL Paniermehl
4 EL Sonnenblumenöl
Salz und Pfeffer

Für die Sauce:
2 EL Sonnenblumenöl
2 Zwiebeln
3 Knoblauchzehen
2 EL frischer Ingwer, gerieben
2 EL Currypulver
2 EL Mehl
500 ml Geflügelbrühe
2 TL Honig
2 TL Sojasauce

300 g Basmatireis
½ Eisbergsalat
Sesam zum Bestreuen (nach Wunsch)

Zuerst alle Zutaten für das Salatdressing in einer kleinen Schüssel vermischen. Den Eisbergsalat schneiden und waschen und alles beiseitestellen.

Die Schweinemedaillons in Gefrierbeutel legen und mit einem Nudelholz oder einem Stieltopf plattieren.

Zum Panieren Ei in einer flachen Schüssel aufschlagen. Mehl und Paniermehl auf zwei separate Teller geben.

Die Schweinemedaillons mit Salz und Pfeffer würzen. Zuerst im Mehl, dann im Ei und zum Schluss im Paniermehl wälzen und beiseitestellen.

Für die Sauce die Zwiebeln schälen und hacken, den Knoblauch schälen und pressen und in einem Topf mit 2 EL Sonnenblumenöl andünsten. Den geriebenen Ingwer hinzufügen und alles zusammen 5 Minuten dünsten, bis die Zwiebeln glasig sind.

Currypulver und Mehl hinzufügen und verrühren. Dann Geflügelbrühe, Honig und Sojasauce hinzufügen. Bei mittlerer Hitze 10 Minuten köcheln lassen, dabei ab und zu umrühren. Wenn die Sauce fertig ist, mit einem elektrischen Handmixer pürieren, sodass eine cremige Konsistenz entsteht.

In der Zwischenzeit den Reis 10 Minuten in Salzwasser kochen.

4 EL Sonnenblumenöl in einer großen Bratpfanne erhitzen und die panierten Schweinefilets darin 4 Minuten auf jeder Seite braten.

Den Reis abtropfen lassen und aufgetürmt auf 4 Teller verteilen.

Die panierten Schweinefilets in Streifen schneiden, neben den Reis legen und die Sauce darüber gießen. Mit Salat und Dressing servieren und mit Sesam dekorieren.

TIPP

Wenn ihr keinen Handmixer parat habt, macht das nichts. Die Sauce schmeckt auch gut unpüriert.
Zeitmangel? Ihr könnt die Sauce auch gut vorbereiten und einfrieren oder sie im Kühlschrank aufbewahren.

Grünes Thai-Curry ist eines der meistbestellten Take-away-Gerichte Englands, dabei ist es doch so einfach, schnell und günstig selbst zuzubereiten, dass es sich gar nicht lohnt, auf den Lieferservice zu warten. Jede Wette, mit diesem Rezept kocht ihr das Curry schneller als es angeliefert werden kann – und geschmacklich ist es ein Highlight.

THAI GREEN CURRY

GRÜNES THAI-CURRY

4 Personen • Zubereitung 15 Min. • Garen 20 Min. • Schnell & Einfach

600 g Hähnchenbrust
400 g Auberginen
1 frische rote Chili (nach Wunsch)
4 EL Öl
2-4 EL grüne Thai-Currypaste (je nach gewünschter Schärfe)
800 ml Kokosnussmilch
200 ml Gefügelbrühe
300 g Thai-Basmatireis
240 g Bambussprossen (Dose)
4 TL Thai-Fischsauce
2 TL Zucker
Salz

Limettenspalten und Korianderblätter, zum Garnieren

Hähnchen und Auberginen in mundgerechte Stücke schneiden und das Hähnchen salzen. Die Chili entkernen und klein schneiden (wenn ihr sie verwendet).

Das Öl in einen Topf geben, die grüne Thai-Currypaste hinzufügen und das Hähnchen darin anbraten.

Wenn das Fleisch angebräunt ist, die Kokosnussmilch hinzufügen und aufkochen lassen. Dann die Geflügelbrühe hinzufügen und nochmal aufkochen lassen.

In der Zwischenzeit den Reis 10 Minuten in kochendem Salzwasser garen.

Auberginen, Bambussprossen, Chili, Thai-Fischsauce und Zucker zum Curry geben und 10 Minuten köcheln lassen, bis die Auberginen gar sind.

Das Curry mit dem Koriander bestreuen und mit Limettenspalten garnieren.

TIPP

Warum nicht ein vegetarisches Curry ausprobieren? Die grüne Thai-Currypaste in Öl anbraten und mit Kokosnussmilch und Gemüsebrühe aufgießen. 600 g Gemüse (rote Paprika, Zucchini) mit den Auberginen und Bambussprossen hinzufügen.

Alle
meine Partys
drehen sich rund ums
Essen und ich liebe es, meine
Gäste mit tollem Fingerfood und
genialen Drinks zu verwöhnen.
Das Wichtigste dabei ist, dass
alles gut vorbereitet ist. Also
wenn die Party beginnt,
sich zurücklehnen und
Spaß haben.

Party Time

Ich war gerade dabei, ein Cocktailexperiment zu wagen und einen Earl-Grey-Martini herzustellen, als spontan Freunde mit einer Flasche Sekt vor der Tür standen. Ich dachte mir nur, „was soll's" und schüttete den Sekt zum Martini. - Und?! Es war die Überraschung des Tages. Und geboren war der Earl Fizz, ein toller Cocktail für Sommerpartys.

EARL FIZZ

EARL-GREY-MARTINI MIT CRÉMANT

Ergibt 6 Gläser • Zubereitung 20 Min. • Kochen 10 Min. • Einfach

100 g Zucker
6 Earl-Grey-Teebeutel
200 ml Gin
3 Zitronen
8 Eiswürfel
1 Flasche Crémant oder Sekt
Salz und Pfeffer für den Glasrand

Zuerst den Zuckersirup herstellen. Den Zucker in einen Topf schütten, 100 ml Wasser hinzufügen und zum Kochen bringen. Die Hitze reduzieren und 10 Minuten köcheln lassen. Vom Kochfeld nehmen und abkühlen lassen.

Die Teebeutel 10 Minuten im Gin ziehen lassen, herausnehmen und die Gin-Tee-Mischung in einen Cocktailshaker schütten.

Die Zitronen auspressen und den Saft in den Shaker füllen. Den abgekühlten Sirup und die Eiswürfel hinzufügen und shaken.

Salz und Pfeffer auf einen Teller streuen und etwas Wasser auf einen anderen Teller schütten. Die Glasränder zuerst in das Wasser und dann in die Salz-Pfeffer-Mischung dippen.

Den Earl-Grey-Martini in die Gläser geben und mit Sekt aufgießen.

Das beste Martini-Sekt-Verhältnis ist: ⅓ Earl-Grey-Martini auf ⅔ Sekt.

Frische, selbstgemachte Limonade finde ich einfach klasse. Der Rosmarin verleiht der Limo den besonderen Dreh und harmoniert super mit dem scharfen, feurigen Ingwer und der sauren Zitrone. Mit Ingwer und Rosmarin könnt ihr auch Wasser herrlich aufpimpen.

ROSEMARY GINGER LEMONADE

INGWER-LIMONADE MIT ROSMARIN

Ergibt 1 Liter • Zubereitung 5 Min. • Kochen 5 Min. • Einfach

- 200 g Zucker
- 300 ml Wasser
- 250 g frischer Ingwer, gewürfelt
- 2 Rosmarinzweige
- 150 ml frisch gepresster Zitronensaft
- 50 ml frisch gepresster Limettensaft
- 800 ml Wasser mit Kohlensäure

Zuerst den Sirup herstellen. Zucker, Wasser, Ingwer und Rosmarin in einen Topf geben und zum Kochen bringen, dann 5 Minuten köcheln lassen, bis der Sirup leicht eingedickt ist. Vom Kochfeld nehmen und abkühlen lassen.

Den Zitronen- und Limettensaft in eine Karaffe geben. Den Ingwersirup durch ein Sieb in die Karaffe schütten und alles mit Sprudelwassser aufgießen.

Im Englischen gibt es den Ausdruck "hair of the dog" (Haar des Hundes), was so viel bedeutet wie: den Kater mit Alkohol bekämpfen. Diese *Bloody Mary* hat schon so manchen Kater kleingekriegt. Wenn ich Freunde zum Brunch einlade, ist es ein absolutes Muss, eine Karaffe Kater-Bekämpfungsmittel parat zu haben, bevor es mit dem *lazy Sunday* losgeht.

BLOODY MARY

BLOODY MARY

Ergibt 2 Gläser • Zubereitung 5 Min. • Schnell & Einfach

100 ml Wodka
300 ml Tomatensaft
1 TL Zitronensaft
1 TL Worcestersauce
1 TL Meerrettich
1 TL Zucker
eine Prise Paprikapulver (nach Wunsch)
Salz und Pfeffer
ein paar Tropfen Tabasco
ein paar Eiswürfel

Wodka, Tomatensaft, Zitronensaft, Worcestersauce, Meerrettich, Zucker und Paprikapulver (wenn ihr es verwendet) vermischen.

Großzügig mit frisch gemahlenem Pfeffer und einer Prise Salz würzen.

Ein paar Tropfen Tabasco hinzufügen und auf Eis servieren.

PIMM'S

Der Sommer in England - die perfekte Zeit für einen eisgekühlten Pimm' s.
Der Limonaden-Cocktail auf Gin-Basis wird mit frischer Gurke, Zitrone, Orange, Erdbeeren und Minze zu einem genialen Sommercocktail. Faustregel: Ein Teil Pimm's auf drei Teile Limonade.

PIMM'S

PIMM'S

4 Personen • Zubereitung 10 Min. • Schnell & Einfach

200 ml Pimm's Nr. 1
600 ml Limonade
100 g Erdbeeren
¼ Gurke
½ Orange, ungespritzt
½ Zitrone, ungespritzt
eine Handvoll frische Minze
Eiswürfel

Erdbeeren waschen, entkelchen und halbieren.

Gurke waschen und in dünne Scheiben schneiden.

Orange und Zitrone waschen und würfeln.

Pimm's, Limonade und alle anderen Zutaten in eine große Karaffe gießen und umrühren.

TIPP Anstatt Limonade könnt ihr auch Ginger Ale nehmen.

Ich liebe den Duft von Glühwein rund um die Weihnachtszeit. Natürlich ist Rotwein die klassische Basis für Glühwein, aber es gibt auch Alternativen wie Weißwein oder Cider, die sich ebenfalls gut dafür eignen. Einmal ist meine Lust zu experimentieren mit mir durchgegangen und ich habe Glühbier hergestellt. Spätestens da wurde mir klar, dass jedes Experiment seine Grenzen hat.

MULLED CIDER

GLÜHCIDER

Ergibt 6 Gläser • Zubereitung 15 Min. • Schnell & Einfach

1 l trockener Cider
40 g Zucker
80 ml Whisky
2 Zimtstangen
2 Sternanis
10 Nelken

Alle Zutaten in einen Topf geben, abdecken und bei mittlerer Hitze 10-15 Minuten ziehen lassen. Dabei ab und zu umrühren, bis sich der Zucker aufgelöst hat und der Cider dampft.

CAMDEN LOCK

CAMDEN

Im Norden von London wurde der "Punk" geboren, hier ist Amy Winehouse die Straßen entlanggeschlendert und hier hängen die wirklich coolen Kids ab. Die vielen Märkte in Camden sind perfekt für stylische Modeschnäppchen und leckere Snacks an den Imbissständen. Und in den zahlreichen *Music Pubs* entwickelt sich eine pulsierende *Nightlife*-Szene. Camden ist laut, farbig und einmalig – ein absolutes Muss bei einem London Besuch.

Diese Käse-Biscuits sind auf meinen Partys immer unglaublich beliebt.
Sie passen perfekt zu einem Glas Wein oder Crémant und man kann sie gut im Voraus zubereiten.
Direkt frisch aus dem Ofen servieren und die Party kann beginnnen!

CHEESE BISCUITS

KÄSEGEBÄCK

Ergibt 30 Stück • Zubereitung 20 Min. • Kühlen 30 Min. • Backen 12-15 Min. • Einfach

175 g Stilton oder Gorgonzola
75 g Butter, geschmolzen
1 Eigelb
175 g Mehl
½ TL Salz

Den Käse in eine große Schüssel bröseln. Butter und Eigelb hinzufügen und gut vermischen. Mehl, Salz und 3 EL Wasser hinzufügen und zu einem Teig verkneten. Zu einer Kugel formen, in Klarsichtfolie einpacken und 30 Minuten kalt stellen.

Den Ofen auf 200 °C Umluft vorheizen.

Walnussgroße Stücke aus dem Teig brechen, zwischen den Handflächen rollen und kleine Kugeln auf ein mit Backpapier belegtes Blech legen. Die Kugeln leicht andrücken, sodass sie etwas flacher werden.

Das Käsegebäck 12-15 Minuten backen.

Zum Auskühlen auf ein Rost legen oder warm servieren.

TIPP

Reifer geriebener Cheddar oder Gruyère eignen sich ebenfalls sehr gut für diese Biscuits.
Ich habe immer einen Vorrat an Teig in meinem Tiefkühler. So kann ich schnell etwas herzaubern, wenn unerwartet Gäste auftauchen. Ich bereite den Teig im Voraus zu, forme ihn zu einer Rolle und friere ihn ein. Später einfach auftauen, in Scheiben schneiden und backen.

Chutney ist ein Muss in jeder englischen Vorratskammer. Ihr könnt es sehr einfach selbst herstellen und es gibt endlos viele Variationen. Apfel-Chutney mit Käse und Crackern ist außerdem eine tolle Begleitung zu einem Glas Weißwein. Oder ihr füllt das Chutney in kleine Marmeladengläser, verschönert sie liebevoll und verschenkt sie an Freunde.

APPLE CHUTNEY

APFEL-CHUTNEY

Ergibt 2 Marmeladengläser • Zubereitung 20 Min. • Garen 1 h • Einfach

500 g säuerliche Äpfel (Granny Smith)
1 Zwiebel
110 g Rosinen
125 g brauner Zucker
125 ml Weißweinessig
½ TL Ingwerpulver
eine Prise Pfeffer
1 TL Senfsamen

Die Äpfel schälen, das Gehäuse entfernen, in mundgerechte Stücke schneiden und in einen Topf füllen.

Die Zwiebel schälen, fein hacken und mit Rosinen, braunem Zucker, Weißweinessig, Ingwer und Pfeffer ebenfalls in den Topf geben.
Die Senfsamen in einem Mörser zerdrücken und hinzufügen.

Den Topf abdecken und zum Kochen bringen. Dann die Hitze reduzieren und 1 Stunde köcheln lassen, bis das Chutney bräunlich und eingedickt ist. Den Deckel abnehmen und noch einige Minuten köcheln lassen, bis die Flüssigkeit fast verdunstet ist.

Das frisch gekochte Chutney in heiß ausgespülte Marmeladengläser füllen.

Dips sind toll – und Hummus ist einer meiner Favoriten. In England bekommt ihr Hummus in jedem Supermarkt. Ich kann mich an keine Party und kein Picknick ohne Hummus-Dip erinnern. Der Dip ist schnell zuzubereiten: Alles in den Mixer geben, mixen und fertig! Tahini-Paste (Sesambutter) ist in der orientalischen Ecke im Supermarkt zu finden.

HUMMUS

HUMMUS

Ergibt 1 Schüssel • Zubereitung 5 Min. • Einfach

- 1 Dose Kichererbsen (240 g abgetropft)
- 1 Knoblauchzehe, gehackt
- 3 EL Tahini-Paste
- 3 EL Joghurt
- Saft von 1 Zitrone
- ¼ TL Salz
- schwarzer Pfeffer
- 2 EL Olivenöl + Öl zum Beträufeln
- Paprikapulver, zum Bestreuen

Alle Zutaten, außer dem Paprikapulver, in einen Mixer geben und mixen, bis das Ganze eine gleichmäßige Konsistenz hat.

In eine Schüssel füllen, mit Olivenöl beträufeln und mit Paprikapulver bestreuen.

Mit Crackern oder Gemüsesticks servieren.

TIPP

Es gibt endlos viele Hummus-Variationen - Meine Favoriten sind:

Pesto-Hummus: Ein paar Esslöffel Pesto hinzufügen und mixen.

Oliven-Hummus: Eine Handvoll entsteinte, schwarze Oliven hinzufügen und mixen.

Kreuzkümmel-Hummus: 1 EL Kreuzkümmel in einer Pfanne fettfrei rösten, zum Hummus geben und mixen.

Edles Fingerfood – es ist einfach und schnell in der Zubereitung, imponiert aber immer wieder. Der geräucherte Lachs macht den Dip besonders anspruchsvoll und passt perfekt zu festlichen Anlässen.

SMOKED SALMON PATE

LACHS-CRACKER

Ergibt 30 Stück • Zubereitung 10 Min. • Einfach

- 100 g geräucherter Lachs
- 50 g Frischkäse
- 1 EL Zitronensaft
- 1 EL Schnittlauch, grob gehackt
- eine Prise Zucker
- Pfeffer

Alle Zutaten in einen Mixer geben und so lange mixen, bis die Masse eine geschmeidige Konsistenz hat.

Cracker oder kleine Toastecken mit dem Lachs betreichen und sofort servieren.

TIPP

Ihr könnt den Dip auch im Voraus zubereiten. Im Kühlschrank ist er einige Tage haltbar.

Lust, den Tag mit einem Champagnerfrühstück zu beginnen? Was eignet sich dazu besser als Rühreier mit Lachsdip und warmem Toast?

Wenn Gäste kommen, hat man immer viel zu tun. Deshalb sind Snacks, die sich im Voraus zubereiten lassen, eine sehr willkommene Alternative. Bis zum Servieren einfach in den Kühlschrank stellen und sich auf die Party vorbereiten.

SESAME SALMON BITES

LACHS-SESAM-HÄPPCHEN

Ergibt 30 Stück • Zubereitung 20 Min. • Marinieren 20 Min. • Einfach

450 g Lachsfilet
50 ml Sojasauce
1 TL Wasabi
4 EL schwarzer Sesam
4 EL heller Sesam
3 EL Weißwein
2 EL Sonnenblumenöl

Sojasauce + Wasabi zum Servieren

Den Lachs in 2 cm große Würfel schneiden und in einen tiefen Teller legen. Sojasauce und Wasabi in einer Schüssel vermischen und über den Lachs gießen. Den Teller schwenken, sodass der Fisch überall mit Sauce bedeckt ist. Mit Klarsichtfolie abdecken und im Kühlschrank 20 Minuten marinieren.

Die Sojasauce abgießen. Den hellen und dunklen Sesam auf 2 separate Teller geben. Die Hälfte des Lachs im hellen Sesam wälzen, sodass er gut bedeckt ist, die andere Hälfte im dunklen Sesam wälzen.

1 EL Sonnenblumenöl in einer Bratpfanne erhitzen und die hellen Lachsstücke darin 30 Sekunden auf jeder Seite braten, sodass sie innen noch leicht roh sind. Den Fisch auf einen Teller legen.

Die Pfanne mit Küchenpapier auswischen, die hellen Sesamsamen müssen alle entfernt sein. 1 EL Sonnenblumenöl in der Pfanne erhitzen und nun die dunklen Lachsstücke darin 30 Sekunden auf jeder Seite braten.

Die Lachswürfel warm oder kalt mit Sojasauce und Wasabi servieren.

TIPP

Thunfischwürfel sind genauso lecker wie Lachswürfel. Beide Fischsorten eignen sich sehr gut für dieses Rezept.

Das ist einer meiner absoluten Favoriten unter den Party- und Picknicksnacks. Zugegeben, es ist nicht wirklich englisch, aber hey, alle Engländer, die ich kenne, lieben diesen herzhaften Kuchen!
Ihr könnt den Kuchen auch im Voraus backen oder einfrieren. Nach dem Auftauen einfach bei 150 °C für 20 Minuten in den Ofen schieben und genießen.

CAKE WITH COURGETTE FETA AND MINT

ZUCCHINIKUCHEN MIT FETA UND MINZE

Ergibt 1 Kuchen • Zubereitung 30 Min. • Backen 50 Min. • Einfach

Für den Grundteig:
3 Eier
110 g geriebener Cheddar
Saft von ½ Zitrone
5 EL Olivenöl
180 g Mehl
2 TL Backpulver
75 ml Milch

Für die Zucchini-Füllung:
1 EL Olivenöl
1 kleine Zucchini (150 g)
1 Knoblauchzehe, geschält
2 Frühlingszwiebeln, geputzt
100 g Feta
4 EL Minzblätter, gehackt

Salz und Pfeffer

Den Ofen auf 180 °C Umluft vorheizen.

Zucchini raspeln und Frühlingszwiebeln in feine Ringe schneiden. Den Knoblauch fein hacken und in einer Pfanne mit Olivenöl anbraten. Zucchini hinzufügen und eine Minute lang weiterbraten. Dann die Frühlingszwiebeln hinzufügen, alles vermengen und zum Abkühlen beiseitestellen.

Eier, Cheddar, Zitronensaft und Olivenöl in einer Schüssel vermischen. Zuerst Mehl und Backpulver, dann die Milch hinzufügen. Mit Salz und Pfeffer würzen, die Zucchini hinzufügen und alles zu einem glatten Teig verrühren.

Den Feta in den Teig bröseln und die Minze hinzufügen. Alles vorsichtig mit einem Holzlöffel verrühren.

Den Teig in eine gefettete Backform gießen und 50 Minuten backen. Überprüft mit einem Holzspieß, ob der Kuchen fertig ist. Bleiben beim Herausziehen keine Teigreste am Spieß hängen, ist der Kuchen fertig gebacken.

TIPP

Es gibt endlos viele Geschmacksvariationen für diesen herzhaften Kuchen. Ihr könnt den Zucchini-Feta-Minz-Mix durch folgende Zutaten ersetzen:

Lachs-Schnittlauch-Kuchen: Fügt 150 g geräucherten Lachs, 1 EL gehackte Kapern und 1 EL gehackten Schnittlauch dem Grundteig hinzu.

Mediterraner Kuchen: Fügt je 50 g grob gehackte schwarze und grüne Oliven, 50 g grob gehackte getrocknete Tomaten und 100 g Feta dem Grundteig hinzu.

Diese Blätterteigrollen sind ein englischer Klassiker. Egal ob Party, Barbecue, Picknick oder Fußballspiel, sie sind überall zu finden. Die meisten Engländer kaufen die Wurströllchen fertig im Supermarkt, aber ich mache sie gerne selbst, schließlich ist es mega einfach und sie schmecken so unglaublich lecker.
Das perfekte Fingerfood!

SAUSAGE ROLLS

WURSTRÖLLCHEN

Ergibt 24 Wurströllchen • Zubereitung 20 Min. • Backen 25-30 Min. • Etwas aufwendig

- 350 g Schweinehackfleisch
- 1 kleine Zwiebel, gehackt
- 1 Ei + 1 Eigelb, verquirlt
- 35 g Paniermehl
- 1 EL Petersilie, gehackt
- eine Prise Muskatnuss
- 1 TL Worcestersauce
- 3 EL milder Senf
- 375 g Blätterteig
- 4 EL grobkörniger Senf
- Sesam, zum Bestreuen
- Salz und Pfeffer

Den Ofen auf 200 °C Ober- und Unterhitze vorheizen.

Das Hackfleisch in eine große Schüssel geben. Die Zwiebel hinzufügen.
Das ganze Ei, Paniermehl, Petersilie, Muskatnuss, Worcestersauce und den milden Senf hinzufügen und alles gut vermengen. Mit Salz und Pfeffer würzen und nochmal vermischen.

Den Blätterteig ausrollen. 2 Rechtecke von je 50x18 cm ausschneiden und mit der langen Seite vor sich hinlegen.

Den grobkörnigen Senf auf die unteren zwei Drittel des länglichen Blätterteigstreifens streichen, so dass oben noch ein Streifen frei ist.

Das Hackfleisch zu Rollen formen und auf die Mitte der ganzen Länge der Blätterteigstreifen legen. Das obere leere Drittel vom Blätterteig mit verquirltem Eigelb bestreichen.

Den Teil mit dem Senf über das Hackfleisch legen und bis zum oberen Eigelb-Drittel aufrollen. Die Enden verkleben.

Jede Blätterteigrolle in 12 kleine Wurstrollen schneiden und auf ein mit Backpapier belegtes Blech legen.

Jede Wurstrolle mit verquirltem Eigelb bestreichen und mit Sesam bestreuen.

25-30 Minuten im Ofen backen, bis der Blätterteig aufgeht und goldbraun wird.

Lauwarm servieren oder abkühlen lassen und für ein Picknick einpacken.

TIPP

Wenn ihr Senf mögt, könnt ihr den grobkörnigen auch zusätzlich als Dip zu den Blätterteigrollen servieren.

Der Duft dieser gegrillten Schweinefleisch-Spießchen erinnert mich immer sofort an Thailand. In Bangkok findet ihr diese brutzelnd heißen *Moo-Ping*-Spieße an jeder Straßenecke und sie verbreiten ihr Aroma quer durch die Stadt. Sie sind sehr einfach zuzubereiten und auf meinen Barbecues immer schnell aufgegessen.

BBQ PORK SKEWERS

BARBECUE-SPIESSCHEN

Ergibt 12 Spießchen • Zubereitung 10 Min. • Marinieren 30 Min.-24 h • Einfach

450 g mageres Schweinefilet

Für die Marinade:
- 2 Knoblauchzehen, gepresst
- 1 Handvoll frisch gehackter Koriander
- 4 EL Thai-Fischsauce
- 1 EL helle Sojasauce
- 1 EL Ketjap Manis (süße Sojasauce)
- 110 ml Kokosnussmilch
- 110 ml Sonnenblumenöl
- 1 EL brauner Zucker

12 Holzspießchen

Das Schweinefilet in ca. 1 cm dünne Scheiben und dann in Streifen von ca. 3x8 cm schneiden und in eine Auflaufform oder einen verschließbaren Gefrierbeutel geben.

Alle Zutaten der Marinade in einer Schüssel vermischen und über das Fleisch gießen. Alles gut vermischen, sodass das Fleisch komplett mit Marinade bedeckt ist.
Die Auflaufform mit Klarsichtfolie abdecken und das Fleisch im Kühlschrank mindestens 30 Minuten oder über Nacht marinieren.

Vor dem Grillen die 12 Holzspieße 30 Minuten in Wasser einlegen.

Das Fleisch flach auf die Holzspieße aufziehen, sodass das Fleisch gut auf dem Grill garen kann.

Bei heißer Glut die Spieße 3 Minuten auf jeder Seite grillen.

TIPP

Falls ihr keinen Grill habt oder es im Winter zu kalt dafür ist, könnt ihr die Spießchen auch unter dem Backofengrill zubereiten. Dann brauchen sie allerdings 10-15 Minuten und müssen regelmäßig gewendet werden.

Ketjap Manis ist eine süße Sojasauce, die viel in der südostasiatischen Küche verwendet wird. Wenn ihr sie nicht bekommt, könnt ihr auch 1 EL Zuckerrübensirup oder normale Sojasauce verwenden.

Süße Backpflaumen umhüllt von deftigem Speck - diese kleinen Teufelchen schmecken einfach himmlisch, wenn sie frisch aus dem Ofen kommen. Als kleine Variation dieses Appetizers könnt ihr auch getrocknete Datteln verwenden.

DEVILS ON HORSEBACK

PFLAUMEN IM SPECKMANTEL

Ergibt 20 Stück • Zubereitung 10 Min. • Schnell & Einfach

- 20 Backpflaumen, entsteint
- 10 dünne Scheiben Speck

Den Ofen auf 200 °C Ober- und Unterhitze vorheizen.

Die Speckscheiben halbieren und jede Pflaume umwickeln.

Die Pflaumen auf ein mit Backpapier belegtes Blech legen.

10 Minuten backen, bis der Speck braun ist und brutzelt.

Zugegeben, vom Namen her klingt es nobler, als es tatsächlich ist, denn es handelt sich hierbei um frittierte Marsriegel. Ich hatte mir eigentlich geschworen, niemals einen solchen kulinarischen Frevel zu begehen, doch eine Nacht in Glasgow hat mich eines Besseren belehrt. Ich habe diese frittierte Kuriosität in einem Fish-and-Chips-Laden probiert und mich augenblicklich darin verliebt. Die Beignets erinnern ein wenig an Churros: fett und knusprig mit einer geschmolzenen Schokoladenfüllung. Die Glasgower Beignets waren allerdings so mächtig, dass ich nicht mal einen ganz geschafft habe, daher verwende ich Mini-Schokoriegel. Den Bierteig verfeinere ich mit Vanillezucker und Zimtaroma. Ein echter Party-Knaller.

MINI CHOCOLATE BEIGNETS

MINI-SCHOKO-BEIGNETS

Ergibt 30 Beignets • Kühlen 15 Min. • Zubereitung 10 Min. • Frittieren 6 Min. • Einfach

100 g Mehl
½ TL Backpulver
1 EL Vanillezucker
¼ TL Zimt
120 ml kaltes Bier (Lager)
1 l Sonnenblumenöl
30 Mini-Mars-Schokoriegel (250 g)
2 EL Puderzucker, zum Bestäuben

Das Mehl 15 Minuten in den Tiefkühler stellen.

Wenn das Mehl durchgekühlt ist, in eine große Schüssel schütten und mit Backpulver, Vanillezucker und Zimt vermischen. Das kalte Bier hinzufügen und mit einem Schneebesen zu einem glatten Teig verrühren.

Das Sonnenblumenöl in einem Topf erhitzen. Mit einem Klecks Teig testen, ob das Öl heiß genug ist. Wenn der Teig brutzelt und knusprig wird, hat das Öl die richtige Temperatur.

Die Schokoriegel aus dem Papier nehmen und alle zusammen in den Teig geben. Mit einem Löffel vorsichtig vermischen, sodass alle Riegel mit Teig bedeckt sind.

Die Schokoriegel mit einer Zange aus dem Teig fischen und je 5 Stück parallel im heißen Öl einige Minuten frittieren, bis sie goldbraun werden. Aus dem Öl holen und auf Küchenpapier abtropfen lassen.

Vor dem Servieren mit Puderzucker bestäuben.

TIPP

Wenn ihr keine Mini-Mars-Schokoriegel findet, verwendet die normalen und schneidet sie in kleinere Stücke.

Die Schokobeignets kann man natürlich auch gut in der Fritteuse frittieren.

Die Briten lieben einen gepflegten 5-Uhr-Tee. Doch dabei muss nicht immer die ganze Palette aufgetischt werden. Ein herrlicher Kuchen und eine duftende Tasse Tee, mehr braucht es meistens nicht.

Afternoon Tea

Wenn man an den *Afternoon Tea* denkt, kommen einem gleich die typischen Gurkensandwiches in den Sinn. Weiches, luftiges Toastbrot mit frischer, knackiger Gurke. Für die extra Würze gebe ich einen Klecks Sahnemeerrettich hinzu. Das verleiht den einfachen Sandwiches den gewissen Kick.

CUCUMBER SANDWICHES

KLASSISCHE GURKEN-SANDWICHES

6 Personen (12 Sandwiches) • Zubereitung 10 Min. • Einfach

1 kleine Gurke
150 g Frischkäse
3 TL Sahnemeerrettich
12 Scheiben Vollkorntoast

Die Gurke waschen und in dünne Scheiben schneiden.

6 Brotscheiben mit Frischkäse bestreichen. ½ TL Sahnemeerrettich auf jede Frischkäse-Brotscheibe streichen.
Die Gurkenscheiben auf den bestrichenen Brotscheiben verteilen.

Jede Toastscheibe mit einer unbestrichenen Toastscheibe bedecken.
Die Krusten abschneiden und die Toasts diagonal halbieren.

Die luxemburgische Küche kann nicht mit extrem vielen typischen Gerichten aufwarten, doch *Feierstengszalot* gehört zu den beliebtesten Klassikern. Man kann das Gericht auch als Flintstone-Salat bezeichnen, da nicht gerade viel Gemüse in diesen Rindfleischsalat kommt. Mich erinnert es an meine Kindheit, wenn wir bei meiner Oma übernachten durften. Zum Abendessen gab es dann immer *Feierstengszalot* und Brot.
Daher habe ich mich zu dieser Sandwich-Salat-Fusion entschieden – eine köstliche Sandwichvariation zum 5-Uhr-Tee oder für die Lunchbox.

FLINTSTONE "FEIERSTENGSZALOT" SANDWICHES

RINDFLEISCH-SANDWICHES

6 Personen (12 Sandwiches) • Zubereitung 30 Min. • Garen 2½ h • Kühlen 2-24 h • Etwas aufwendig

400 g Rinderschulter (Paleron)
1 Lorbeerblatt
1 Karotte
1 kleiner Lauch

Für das Dressing:
1 TL Senf
1 EL Weißweinessig
2 EL Sonnenblumenöl
ein paar Tropfen Maggi-Würze
½ TL getrocknete Salatkräuter
1 ½ TL Sahne
Salz und Pfeffer

Zum Garnieren:
1 Ei
5 Kirschtomaten
20 g Gewürzgurken

12 weiße Sandwichscheiben

Das Fleisch zusammen mit dem Lorbeerblatt in einen großen Topf mit Salzwasser geben. Die Karotte schälen, den Lauch waschen, die Enden abschneiden und ebenfalls in den Topf geben. Zum Kochen bringen, dann die Hitze reduzieren und 2 ½ Stunden köcheln lassen, bis das Fleisch zart ist.

Das Fleisch aus dem Topf nehmen und abkühlen lassen. Danach in ein geschlossenes Behältnis legen und mindestens 1 Stunde in den Kühlschrank stellen.

In der Zwischenzeit das Salatdressing zubereiten. Alle Zutaten in eine kleine Schüssel geben, gut vermischen und mit Salz und Pfeffer würzen.

Das Fleisch aus dem Kühlschrank holen, in kleine, dünne Stücke schneiden und zurück in das Behältnis füllen. Das Dressing über das Fleisch gießen und alles gut vermischen, sodass das Fleisch komplett mit Dressing bedeckt ist. Das geschlossene Behältnis wieder zurück in den Kühlschrank stellen und mindestens 1 Stunde oder über Nacht kalt stellen.

Wenn der Rindfleischsalat mariniert ist, das Ei 10 Minuten hart kochen, unter kaltem Wasser abschrecken und einige Minuten abkühlen lassen. Die Kirschtomaten waschen und klein schneiden. Die Gewürzgurken in dünne Scheiben schneiden. Das Ei pellen und klein schneiden. Ei, Tomaten und Gurken zu dem Rindfleischsalat hinzufügen und gut vermengen.

Den Fleischsalat auf 6 Sandwichscheiben verteilen und mit den anderen 6 Brotscheiben abdecken. Die Kruste abschneiden und diagonal halbieren.

TIPP

Wenn ich Appetit auf Flintstone-Sandwiches habe, bereite ich den Rindfleischsalat schon am Vortag zu, damit das Dressing über Nacht gut in das Fleisch einziehen kann.

Der Salat schmeckt natürlich auch gut ohne Sandwich. Somit habt ihr dann einen ganz traditionellen luxemburgischen *Feierstengszalot*.

Das Dressing gehört zu meinen Lieblings-Salatdressings. Es passt hervorragend zu jedem grünen Salat und auch Feldsalat.

Was wäre der 5-Uhr-Tee ohne die traditionellen *Scones*? Diese kleinen Leckereien sind so einfach und schnell zuzubereiten, dass es richtig Spaß macht. Aber geht bitte behutsam mit dem Teig um, denn wenn ihr ihn wie einen Brot- oder Pizzateig knetet, bekommt ihr nicht das gewünschte Ergebnis. Schließlich möchtet ihr die *Scones* leicht und krümelig haben, also lasst euren Frust an einem anderen Teig aus, der einen raueren Umgang besser verkraftet.

CRANBERRY SCONES

PREISELBEER-SCONES

Ergibt 8 Scones • Zubereitung 20 Min. • Backen 12 Min. • Einfach

250 g Mehl
4 TL Backpulver
eine Prise Salz
½ TL Zimt
50 g Zucker
50 g kalte Butter
1 Ei
100 ml Vollmilch
50 g getrocknete Preiselbeeren

Den Ofen auf 200 °C Umluft vorheizen.

Mehl, Backpulver, Salz, Zimt und Zucker in einer Schüssel vermischen. Die Butter in kleine Würfel schneiden, hinzufügen und mit den Händen in der Mehlmischung zerreiben, so dass kleine Butterflocken entstehen. Dann die Preiselbeeren hinzufügen.

Ei und Milch in einer Tasse verrühren und zu der Mehl-Butter-Mischung geben. Die Masse vorsichtig mit einem Löffel zusammenfügen, sodass ein grober Teig entsteht. Dabei aufpassen, dass der Teig nicht zuviel geknetet wird.

Den Teig aus der Schüssel nehmen, auf einer bemehlten Fläche ein paar Sekunden sanft kneten und auf eine Dicke von 3 cm flach drücken.

Kreise von 6 cm Durchmesser ausschneiden und auf ein mit Backpapier ausgelegtes Blech legen.

Die Scones 12 Minuten goldbraun backen.

Etwas abkühlen lassen, aber noch warm servieren.

TIPP

Für die traditionellen Scones einfach die Preiselbeeren durch Rosinen ersetzen und den Zimt weglassen.

Scones werden in England immer mit *Clotted Cream* und Marmelade serviert. Falls die Creme für euch schwer erhältlich ist, süße Schlagsahne mit mindestens 36% Fettgehalt steif schlagen.

Wer sagt denn, dass Scones immer süß sein müssen? Wenn ihr eine Vorliebe für Herzhaftes habt, sind diese Käse-Scones eine perfekte Alternative. Serviert sie mit Butter oder Frischkäse oder probiert mal etwas ganz Neues: Wie wäre es mit einem Klecks Hummus obendrauf?

CHEESE SCONES

KÄSE-SCONES

Ergibt 8 Scones • Zubereitung 20 Min. • Backen 12 Min. • Einfach

250 g Mehl
4 TL Backpulver
50 g kalte Butter
50 g Cheddar, gerieben
+ zum Bestreuen
1 Handvoll Schnittlauch
1 Ei
100 ml Vollmilch
Salz und Pfeffer

Den Ofen auf 200 °C Umluft vorheizen.

Mehl und Backpulver in einer Schüssel vermischen und mit Salz und Pfeffer würzen. Die Butter in kleine Würfel schneiden, hinzufügen und mit den Händen in der Mehlmischung zerreiben, so dass kleine Butterflocken entstehen. Dann den Cheddar hinzufügen. Den Schnittlauch mit einer Schere in kleine Röllchen schneiden und hinzufügen.

Ei und Milch in einer Tasse verrühren und zu der Mehl-Butter-Mischung geben. Die Masse vorsichtig mit einem Löffel zusammenfügen, sodass ein grober Teig entsteht. Dabei aufpassen, dass der Teig nicht zuviel geknetet wird.

Den Teig aus der Schüssel nehmen, auf einer bemehlten Fläche ein paar Sekunden sanft kneten und auf eine Dicke von 3 cm flach drücken.

Kreise von 6 cm Durchmesser ausschneiden und auf ein mit Backpapier ausgelegtes Blech legen. Die Scones mit geriebenem Cheddar bestreuen.

Die Scones 12 Minuten goldbraun backen.

Etwas abkühlen lassen, aber noch warm servieren.

TIPP

Ihr könnt auch andere Käsesorten für diese Scones verwenden. Ich mag vor allem Stilton oder Gruyère.

Die Deutschen haben Zimtsterne, die Franzosen die *Bûche de Noël* und die Engländer ihre *Mince Pies* – das klassische englische Weihnachtsgebäck. Aber lasst euch durch den Namen nicht irreführen, denn diese Pies enthalten kein Fleisch! Stattdessen sind sie mit einem himmlischen Mix aus getrockneten und in Brandy und Sherry eingelegten Früchten gefüllt. Genau wie eine echte Engländerin kann auch ich mir Weihnachten nicht mehr ohne diese süße Leckerei vorstellen.

MINCE PIES

WEIHNACHTSPASTETEN

Ergibt 15 Pasteten • Zubereitung 60 Min. • 24 h ziehen lassen • Kühlen 1 h • Backen 25 Min. • Etwas aufwendig

Für die Füllung:
100 g Rosinen
100 g Sultaninen
100 g Backpflaumen
Schale von ½ Zitrone
½ Apfel, geschält und entkernt
75 g Orangeat
100 g Butter, in kleinen Stücken
100 g brauner Zucker
1 ½ TL Zimt
¼ TL Muskatnuss
¼ TL geriebener Ingwer
50 ml Brandy
50 ml Sherry

Für den Mürbeteig:
200 g kalte Butter, in kleinen Stücken
400 g Mehl
eine Prise Salz
1 Vanilleschote
2 Eigelb
60 g Zucker
5 EL kaltes Wasser

Die Füllung einen Tag vorher zubereiten:
Rosinen, Sultaninen, Backpflaumen, Zitronenschale, Apfel, Orangeat und Butter in einen Mixer geben und zu einer Paste verarbeiten. In eine Schüssel füllen, Zucker, Gewürze und Alkohol hinzufügen. Alles vermengen, abdecken und über Nacht beiseitestellen.

Am nächsten Tag den Mürbeteig herstellen:
Butter, Mehl und Salz in eine Schüssel geben und mit einem elektrischen Rührgerät vermengen, bis die Butter zerkleinert ist. Dann den Teig mit den Händen weiter zerreiben, bis die Masse fein krümelig ist. Die Vanilleschote längs aufschlitzen und das Mark herauskratzen. Vanillemark, Eigelb, Zucker und Wasser zu dem Teig geben und mit den Händen glatt verkneten. Den Teig zu einer Kugel formen, in Frischhaltefolie einwickeln und für eine Stunde kaltstellen.

Den Ofen auch 200 °C Umluft vorheizen und die Muffinformen einfetten.

Den Teig halbieren. Eine Hälfte auf einer bemehlten Fläche 2 mm dick ausrollen, 15 Kreise ausstechen und die Formen damit auskleiden.

1 gehäuften EL Füllung in jede Form geben.

Die andere Teighälfte auch auf einer bemehlten Fläche 2 mm dick ausrollen. 15 etwas kleinere Kreise ausstechen, auf die Pasteten legen und am Rand festdrücken.

Die Pasteten 20-25 Minuten backen.

Am Besten warm mit geschlagener Sahne servieren.

Die Pasteten sind eine Woche haltbar und können einfach im Ofen aufgewärmt werden.

Jetzt mal ernsthaft, wer würde schon Nein zu Macarons sagen?! Diese zarten, kleinen Delikatessen sind ein Genuss und machen jeden 5-Uhr-Tee zu einem wahren Highlight. Wusstet ihr eigentlich, dass Luxemburg einen großen Anteil an der Macaron-Entwicklung hatte? Die ursprüngliche Rezeptur wurde im Jahr 1957 von dem luxemburgischen Konditor Camille Studer, der für die Confiserie Namur arbeitete, verfeinert. Das Rezept gelangte dann nach Zürich, wo diese kleine Süßigkeit den liebevollen Namen Luxemburgerli bekam. Wenn euch die Macarons zu schwierig erscheinen, lasst euch nicht einschüchtern, mit diesem Rezept ist es wirklich machbar.

CHESTNUT AND CHOCOLATE ORANGE MACARONS

MACARONS MIT MARONEN- UND SCHOKO-ORANGEN-FÜLLUNG

Ergibt 24 Stück (12 pro Variante) • Zubereitung 1 h • Ruhen 1 h • Backen 12-14 Min. • Braucht etwas Übung

Für die Macarons:
3 Eiweiß (Raumtemperatur)
30 g Zucker
200 g Puderzucker
125 g gemahlene Mandeln
2 EL Kakaopulver
1 Spekulatiuskeks (nach Wunsch)

Zuerst die Schalen herstellen. Das Eiweiß mit einem elektrischen Rührgerät steif schlagen, dann den Zucker hinzufügen und 1 weitere Minute schlagen.

Puderzucker und gemahlene Mandeln durch ein feines Sieb in eine Schüssel sieben. Das steife Eiweiß dazugeben und mit einem Silikon- oder Holzlöffel sanft unterheben. Den Teig nicht kräftig rühren, sondern die Mischung vorsichtig unterziehen.

Den Teig halbieren und die eine Hälfte mit dem Kakaopulver vorsichtig vermischen.

Jeden Teig in einen separaten Spritzbeutel (runde Tülle) füllen. Runde Plätzchen mit 3 cm Durchmesser auf ein mit Backpapier belegtes Blech oder eine Silikonmatte spritzen. Beim Arbeiten mit dem Spritzbeutel entsteht eine kleine Spitze auf jedem Plätzchen. Deshalb zum Schluss das Backblech einige Male auf die Arbeitsplatte klopfen, um die Spitzen zu glätten. Wenn ihr möchtet, könnt ihr nun den Spekulatiuskeks zerbröseln und eine Hälfte der weißen Macarons damit bestreuen.

Die Macarons 1 Stunde trocknen lassen. Dadurch wird die Außenschicht fest, was den Macarons beim Backen ihre typische Form verleiht.

Während die Plätzchen ruhen, die zwei Füllungen herstellen.

MACARON FILLINGS

Für die Maronencreme:
90 g Maronencreme
30 g weiche Butter
2 EL Rum

Maronencreme, Butter und Rum in einer Schüssel zu einer glatten Creme verrühren und kalt stellen.

Für die Schokoladen-Orangen-Creme:
100 g Zartbitterschokolade
25 g Butter
2 EL Sahne
50 g Orangeat

Butter und Schokolade in einem Topf schmelzen, vom Kochfeld nehmen, in eine Schüssel geben und 5 Minuten abkühlen lassen.

Das Orangeat fein hacken und mit der Sahne zu der Schokolade geben. Alles unterheben, bis es zu einer glatten Schokoladenganache wird, und 1 Stunde kalt stellen.

MACARON RECIPE CONTINUED

Den Ofen auf 160 °C Umluft vorheizen. Am besten ihr benutzt dafür ein Ofenthermometer, damit ihr sicher seid, dass es genau die richtige Temperatur ist. Die Macarons 12-14 Minuten backen. Die Masse sollte fest sein, wenn man sie leicht mit dem Finger antuppt. Dann aus dem Ofen holen komplett auskühlen lassen und vom Backblech nehmen.

Die weißen Macarons mit der Maronencreme bestreichen und mit den Spekulatius-Macarons abdecken. Den Vorgang mit der Schokoladenganache und den Schokoladenmacarons wiederholen.

Die Macarons können in einer fest verschlossenen Dose im Kühlschrank bis zu einer Woche aufgehoben werden.

54

NOTTING HILL

Diese Wohngegend im Westen Londons ist mehr als nur eine Filmkulisse: Bunte Häuser, kleine Cafés und schrullige Antiquitätenläden machen Notting Hill zu einer herrlichen Gegend für einen gemütlichen Bummel. Wenn ihr Vintage-Shopping liebt, solltet ihr euch samstags den *Portobello Market* nicht entgehen lassen.

Meiner Meinung nach sind das die weltbesten Brownies! Innen schön weich und außen mit einer leckeren dünnen Kruste. Falls ihr geschockt seid, wie viel Zucker in dieses Rezept gehört, und ihr versuchen solltet, die Zuckermenge zu reduzieren – tut es nicht! Denn erst durch den Zucker bekommen die Brownies diese wunderbare Konsistenz.

BROWNIES

BROWNIES

Ergibt 8 Brownies • Zubereitung 10 Min. • Backen 35 Min. • Einfach

- 100 g Zartbitter-schokolade
- 50 g Vollmilchschokolade
- 125 g Butter
- 250 g Zucker
- eine Prise Salz
- 1 EL Vanillezucker
- 2 Eier
- 85 g Mehl

Den Ofen auf 180 °C Umluft vorheizen.

Schokolade und Butter schmelzen. Zucker, Salz, Vanillezucker und Eier in eine Schüssel geben und schaumig schlagen. Dann die geschmolzene Schokolade hinzufügen und weiter schlagen. Das Mehl hinzufügen und gut untermischen.

Den Boden einer Brownieform (18x24 cm) mit Backpapier auslegen.

Den Teig in die Form geben und 35 Minuten backen.

Wenn der Brownie aus dem Ofen kommt, wird er nicht fertig gebacken sein, daher komplett auskühlen lassen, damit der Teig fest wird.

TIPP

Für den Crunch-Effekt: 100 g Nüsse, zum Beispiel Pekannüsse oder Walnüsse, zum Teig hinzufügen.

Für meine Lieblings-Schokoladen-Orangen-Brownies gebe ich 50 g Orangeat in den Teig.

Ich genehmige mir zu meinen Brownies gerne ein Schlückchen Whisky. Diese Kombination ist einfach unglaublich!

Brownies

Dieser herrliche Kuchen macht einen richtig glücklich. Saftig, buttrig und getränkt mit bittersüßer Marmelade und einem großzügigen Schuss Whisky. Ein süßlicher Whisky mit Honig-Aroma eignet sich dafür am besten; eine rauchige Note wäre in diesem Fall zu kräftig. Wenn ihr den Kuchen ohne Alkohol zubereiten möchtet, schmelzt die Marmelade mit vier Esslöffeln Wasser.

ORANGE MARMALADE CAKE WITH WHISKY

ORANGEN-MARMELADEN-KUCHEN MIT WHISKY

10 Personen • Zubereitung 15 Min. • Backen 1:05 h • Etwas aufwendig

4 EL brauner Zucker
4 Orangen
200 g Zucker
1 Päckchen Vanillezucker oder 1 TL Vanillearoma
200 g weiche Butter
6 gehäufte EL Orangenmarmelade
4 Eier
200 g Mehl
3 ½ TL Backpulver
50 g gemahlene Mandeln
eine Prise Salz
4 EL Whisky

Für die Schlagsahne:
300 ml Sahne
30 g Zucker
½ TL Zimt
1 TL Whisky

Den Ofen auf 180 °C Umluft vorheizen.

2 Orangen schälen und in dünne Scheiben schneiden. Die anderen 2 Orangen auspressen (ca. 150 ml) und den Saft beiseitestellen.

Zucker, Vanillezucker und Butter in einer Schüssel schaumig schlagen, dann 3 EL Marmelade und die Eier unterrühren. Mehl, Backpulver, Mandeln, Salz und Orangensaft untermischen.

Eine Springform (23 cm ø) auf Backpapier stellen, mit einem Stift den Rand nachziehen und ausschneiden. Den Boden der Springform mit dem Papierkreis auslegen.
Die Ränder der Form einfetten.

Den Papierboden der Backform mit dem braunen Zucker bestreuen und mit den Orangenscheiben belegen; dabei sollten sich diese überlappen.

Den Teig vorsichtig auf die Orangenschicht gießen und den Kuchen 65 Minuten backen.

Den Kuchen aus dem Ofen nehmen und 5 Minuten ruhen lassen. Mit einem Messer den Kuchen am Rand der Springform lockern und den Ring entfernen. Da der Kuchen immer noch warm ist, vorsichtig eine Servierplatte auf den Kuchendeckel legen und den Kuchen umdrehen, sodass der Kuchenboden nach oben zeigt.

Den Springformboden und das Backpapier abnehmen.

Die restlichen 3 EL Marmelade mit den 4 EL Whisky in einem kleinen Topf erhitzen, bis die Marmelade flüssig wird. Mit einem Holzspieß Löcher in den Kuchen stechen und die Marmeladen-Whisky-Mischung mit einem Löffel über den Kuchen gießen.

Vor dem Servieren den Kuchen vollständig auskühlen lassen. In der Zwischenzeit die Schlagsahne zubereiten. Sahne, Zucker und Zimt in eine Schüssel füllen und mit einem elektrischen Rührgerät steif schlagen. Den Whisky mit einem Löffel unterrühren und die Whisky-Sahne zum Kuchen servieren.

Früchtekuchen ist in England ein Muss, und das nicht nur beim *Afternoon Tea.* Ob Hochzeit oder Weihnachtsfeier, ihr könnt sicher sein, dass es ein Stück Früchtekuchen geben wird. Ein wichtiges Merkmal ist das Marzipan, mit dem der Kuchen überzogen ist. Manchmal kommt zusätzlich noch ein *Royal Icing* hinzu, eine Eiweißglasur. Diese Zuckerglasur schmeckt allerdings extrem süß und ich mag sie nicht allzu sehr.
Bei meinem Früchtekuchen handelt es sich um einen *Simnel Cake,* den traditionellen Früchtekuchen für die Ostertafel. Der Kuchen wird mit 11 Kugeln dekoriert, welche die Apostel symbolisieren, ohne Judas.
Für mich ist es einfach der beste Früchtekuchen, weil er so herrlich mit Whisky getränkt ist.

TRADITIONAL FRUIT CAKE

TRADITIONELLER FRÜCHTEKUCHEN

12 Personen • Zubereitung 30 Min. • 24 h ziehen lassen • Backen 1:40 h • Einfach

- 350 g Rosinen
- 60 g Orangeat, gehackt
- 60 g kandierte Kirschen, gehackt
- 3 EL kandierter Ingwer, gehackt
- 100 ml Whisky
- 240 g weiche Butter
- 240 g brauner Zucker
- 4 Eier + 1 Eigelb, verquirlt
- 220 g Mehl
- 4 TL Backpulver
- ½ TL Zimt
- ¼ TL Ingwer
- eine Prise Muskatnuss
- eine Prise Salz
- 250 g Marzipanrohmasse
- 3 EL Aprikosenmarmelade

Die Früchte einen Tag vorher zubereiten:
Dafür die getrockneten Früchte in eine Schüssel geben und mit Whisky übergießen. Abdecken und über Nacht stehen lassen.

Am nächsten Tag den Kuchen zubereiten:
Den Boden einer Springform (23 cm ø) mit Backpapier auslegen und den Rand einfetten.

Den Ofen auf 150 °C Umluft vorheizen.

Butter und Zucker in eine große Schüssel geben und mit einem elektrischen Rührgerät vermischen. Die 4 Eier hinzufügen und vermischen.

Mehl, Backpulver, Zimt, Ingwer, Muskatnuss und Salz in einer separaten Schüssel vermengen. Nach und nach zu der Butter hinzufügen und alles weiterhin mit dem Rührgerät vermischen. Wenn der Teig geschmeidig ist, die mit Whisky getränkten Früchte hinzugeben und vermengen.

Den Teig in die Springform füllen und 1:40 h backen. Wenn der Kuchen während des Backens zu braun wird, einfach mit Alufolie abdecken. Überprüft mit einem Holzspieß, ob der Kuchen fertig ist. Haften beim Herausziehen keine Teigreste mehr am Spieß, ist der Kuchen fertig gebacken. Den Kuchen aus dem Ofen nehmen und zum Abkühlen 20 Minuten in der Form lassen. Dann herausnehmen, auf ein Kuchengitter legen und komplett auskühlen lassen.

Die Arbeitsfläche mit Puderzucker bestäuben, damit das Marzipan nicht daran kleben bleibt. Dann das Marzipan rund ausrollen, so dass es etwas größer ist als der Kuchen. Die Springform auf das Marzipan stellen und eine große Scheibe ausschneiden. Aus den Marzipanresten 11 Kugeln formen.

Die Aprikosenmarmelade in der Mikrowelle erhitzen und die Kuchendecke damit bestreichen. Dann die Marzipandecke wieder auf den Kuchen legen und mit verquirltem Eigelb bestreichen. Den Rand der Kuchendecke mit den 11 Kugeln verzieren und diese ebenfalls mit Eigelb bestreichen.

Im vorgeheizten Ofen einige Minuten unter den Grill schieben. Den Kuchen ständig im Auge behalten. Sobald das Marzipan goldbraun wird, den Kuchen aus dem Ofen nehmen.

Wenn ich einen typisch englischen Kuchen nennen müsste, würde mir spontan Victorias „Sandwich-Torte" einfallen. Dieser Kuchen wurde nach Queen Victoria benannt, die davon gerne ein Stück zu ihrem *Afternoon Tea* aß. Ursprünglich wird diese Torte mit Schlagsahne und Himbeermarmelade zwischen zwei Kuchenböden gefüllt. Ich habe noch einen Hauch Kokosnuss hinzugefügt und die Torte mit frischen Himbeeren verziert. Wahrlich eine Torte für eine Königin!

COCONUT VICTORIA SPONGE CAKE

VICTORIAS KOKOSTORTE

Ergibt 1 Kuchen • Zubereitung 20 Min. • Backen 40 Min. • Einfach

Für die zwei Tortenböden:
175 g weiche Butter
110 g Zucker
3 Eier
2 EL Kokosmilch
175 g Mehl
4 ½ TL Backpulver
eine Prise Salz
50 g Kokosraspeln

Für die Kokosnusscreme:
65 g weiche Butter
4 EL Kokosmilch
200 g Puderzucker
4 EL Himbeermarmelade
150 g Himbeeren + 8 Himbeeren, zum Verzieren

Den Ofen auf 180 °C Umluft vorheizen.

Butter und Zucker in einer großen Schüssel mit einem elektrischen Rührgerät vermischen. Eier und Kokosnussmilch hinzufügen und alles aufschlagen.

In einer zweiten Schüssel Mehl, Backpulver, Salz und Kokosraspeln vermischen. Diese Zutaten zu der Eier-Mischung geben und zu einem glatten Teig verrühren.

Eine Springform (20 cm Ø) auf ein ausgelegtes Stück Backpapier stellen und mit einem Stift den Rand nachziehen. Diesen Vorgang wiederholen, sodass man zwei Kreise ausschneiden kann. Beim Ausschneiden innerhalb der markierten Linie schneiden. Einen Papierkreis in die Springform legen und die Innenseiten der Form einfetten.

Die Hälfte der Teigmasse in die Form füllen und 20 Minuten backen.

Die Springform aus dem Ofen nehmen, 5 Minuten abkühlen lassen und den ersten Tortenboden auf ein Kuchengitter legen.

Dann den zweiten Papierkreis in die Springform legen, mit dem restlichen Teig füllen und ebenfalls 20 Minuten backen.

In der Zwischenzeit die Kokosnusscreme-Füllung zubereiten. Butter und Kokosmilch in einer Schüssel mit dem Rührgerät aufschlagen. Den Puderzucker langsam hinzufügen und gut untermischen, bis eine glatte Buttercreme entsteht. In den Kühlschrank stellen.

COCONUT VICTORIA SPONGE CAKE

Wenn die Böden ausgekühlt sind, beide mit der oberen Seite nach unten legen.
Einen Boden mit einem Großteil der Buttercreme bestreichen (einen Rest beiseitestellen, um damit später die Himbeerdekoration zu fixieren).

Den zweiten Boden auf eine Tortenplatte legen. Die Himbeermarmelade auf diesen Boden streichen. In einer Schüssel die frischen Himbeeren zerdrücken und auf die Himbeermarmelade geben. Den Buttercreme-Boden mit der Buttercremeseite nach unten auf den Marmeladenboden setzen.

Ein paar Kleckse von der restlichen Buttercreme kreisförmig auf dem Tortendeckel verteilen. Auf jeden Klecks eine Himbeere setzen.

Puderzucker in ein Sieb geben und die Torte damit gleichmäßig bestäuben.

Die fertige Torte ist im Kühlschrank einen Tag haltbar.

Beim Verzehr sollte sie Raumtemperatur haben, also einige Zeit vor dem Servieren aus dem Kühlschrank nehmen.

PYREX
1 PINT
1/2 PINT
1/4 PINT
300
200
100

Englische Naschkatzen lieben *Bakewell Tarts* – ein Mürbeteig-Tortenboden mit einer Schicht Himbeermarmelade und Mandelbiskuit-Füllung. Luxemburgische Naschkatzen haben ihre geliebte *Quetschentaart*, die, wie der Name schon sagt, mit Zwetschgen hergestellt wird. Da ich beides liebe, ist es naheliegend, die zwei *Tarts* zu verbinden und eine *Bakewell Tart* mit Zwetschgen zu belegen. Da es in England schwierig ist, Zwetschgen zu bekommen, verwende ich normalerweise Pflaumen. Für mein Foto habe ich einfach mal beide Obstsorten gemischt.

PLUM BAKEWELL TART

BAKEWELL TART MIT ZWETSCHGEN

Für 8-10 Personen • Zubereitung 30 Min. • Kühlen 2 h • Backen 1 h • Etwas aufwendig

Für den Mürbeteig:
200 g Mehl
100 g kalte Butter
1 Eigelb
30 g Zucker
eine Prise Salz
2 EL kaltes Wasser

3-4 EL Pflaumen- oder Zwetschgenmarmelade oder luxemburgisches Quetschekraut

Für das Frangipane:
80 g Butter
80 g Zucker
80 g gemahlene Mandeln
20 g Mehl
1 Ei
1 TL Mandelaroma oder 1 EL Amaretto

500 g Pflaumen oder Zwetschgen

Zuerst den Teig herstellen. Die Butter in kleine Würfel schneiden und mit dem Mehl in eine Schüssel geben. Mit den Händen die Butter-Mehl-Mischung zu Krümeln zerreiben. Eigelb, Zucker, Salz und Wasser hinzufügen und zu einem glatten, festen Teig verkneten. Den Teig zu einer Kugel formen, in Klarsichtfolie einwickeln und 2 Stunden kalt stellen.

Den Ofen auf 180 °C Umluft vorheizen.

Für das Frangipane die Butter schmelzen. Zucker, gemahlene Mandeln, Mehl, Ei, Mandelaroma und die geschmolzene Butter vermischen.

Jede Pflaume in 8 Scheiben und jede Zwetschge in 4 Scheiben schneiden.

Eine runde Kuchenform (25 cm ø) einfetten.
Den Teig 4 mm dick ausrollen, die Form damit auslegen und ein paar Mal mit einer Gabel einstechen.

Backpapier auf den Teig legen, mit Backperlen* beschweren und 10 Minuten blindbacken. Dann das Backpapier und die Backperlen entfernen und weitere 2 Minuten backen.

Den Mürbeteigboden aus dem Ofen nehmen und etwas abkühlen lassen.

Den Boden mit der Marmelade bestreichen und die Frangipane-Füllung darauf geben.

Mit dem Obst belegen und alles nochmal 50 Minuten backen.

* Zum Blindbacken benutze ich immer *Baking Beans*, nicht zu verwechseln mit *Baked Beans*! Diese "Bohnen" sind kleine Keramikperlen, die als Füllmaterial den Tortenboden während des Backens beschweren, sodass er nicht hochgeht. Die Backperlen sind schön praktisch, da ich sie immer wieder verwenden kann. Als Alternative könnt ihr auch Reis oder getrocknete Hülsenfrüchte benutzen. Die kann man separat in einem Glas aufbewahren und mehrmals zum Backen verwenden.

Die Welt ist verrückt nach *Cupcakes*, daran gibt es gar keinen Zweifel. Aber in England wurden *Fairy Cakes* schon gebacken, lange bevor die große Cupcake-Invasion kam. Die kleinen Törtchen werden üblicherweise aus einfachem Rührteig hergestellt, mit Zuckerglasur bestrichen und dekoriert.
Ein bescheidenes Küchlein - klein aber fein!

FAIRY CAKES

BRITISCHE CUPCAKES

Ergibt 10 Stück • Zubereitung 30 Min. • Backen 25-30 Min. • Einfach

140 g Zucker
40 g weiche Butter
1 Ei
½ TL Vanillearoma oder 1 Päckchen Vanillezucker
120 g Mehl
1 ½ TL Backpulver
eine Prise Salz
120 ml Milch

Für die Glasur:
50 g Puderzucker
Saft von ½ Zitrone
Zuckerstreusel

Den Ofen auf 170 °C Umluft vorheizen.

Eine Cupcakeform mit 10 Papierförmchen auslegen.

Butter und Zucker mit einem elektrischen Rührgerät schaumig schlagen.
Ei und Vanillezucker hinzufügen und weiter schlagen.

In einer separaten Schüssel Mehl und Backpulver mit einer Prise Salz vermischen.

Die Hälfte des Mehls mit einem Silikon- oder Holzlöffel in die Butter-Ei-Mischung geben. Dann 60 ml Milch hinzufügen und vermischen. Danach das restliche Mehl und die restliche Milch untermischen, dabei den Teig nicht überarbeiten.

Den Teig in die Förmchen verteilen und die Cupcakes 25-30 Minuten backen.

Auf einem Kuchenrost auskühlen lassen und beiseitestellen.

In der Zwischenzeit die Glasur herstellen. Den Puderzucker in eine Schüssel sieben.
Den Zitronensaft hinzufügen und beides zu einer glatten streichfähigen Glasur verrühren.

Die Cupcakes mit der Glasur bestreichen und nach Wunsch dekorieren.

Beiseitestellen, bis die Glasur getrocknet ist.

Zimt, Frischkäse und eine unübertroffene Konsistenz machen den *Carrot Cake* zu dem König unter den Kuchen. Das Rezept für meinen Karottenkuchen ist der beliebteste Eintrag in meinem Blog – also ist es selbstverständlich auch in meinem Buch.
Ob ihr einen Kuchen oder Cupcakes backt, das Rezept ist das gleiche. Verwendet für den Kuchen eine Backform von 20x20 cm und backt ihn 1 Stunde im Ofen.

CARROT CUPCAKES

KAROTTEN-CUPCAKES

Ergibt 14 Stück • Zubereitung 30 Min. • Backen 40 Min. • Etwas aufwendig

Für die Cupcakes:
200 g Karotten
50 g Walnüsse oder Pekannüsse
75 g Ananas (Dose)
2 Eier
200 g brauner Zucker
150 ml Sonnenblumenöl
200 g Mehl
40 g Kokosraspeln
1 EL gemahlener Zimt
1 TL Backpulver
1 TL Salz

Für das Frosting:
75 g Frischkäse
40 g Butter
300 g Puderzucker

Den Ofen auf 150 °C Umluft vorheizen.

Eine Muffinform mit 14 kleineren Cupcakeförmchen auslegen.

Die Karotten schälen und raspeln. Walnüsse und Ananas in sehr kleine Stücke schneiden.

Die Eier in einer Schüssel mit einem elektrischen Rührgerät aufschlagen.
Den Zucker hinzufügen und die Mischung schaumig schlagen. Das Öl mit einem gleichmäßigen Strahl hineinschütten und dabei weiter kräftig mixen.

Mehl, Kokosraspeln, Zimt, Backpulver und Salz in einer separaten Schüssel vermengen und unter die Eimasse mischen. Dann die geraspelten Karotten, Ananas und die Nüsse gut untermischen.

Den Teig in die Cupcakeförmchen füllen und 40 Minuten backen.

Für das Frosting die Butter in kleine Würfel schneiden und in eine Schüssel geben.
Den Frischkäse hinzufügen und mit einem elektrischen Rührgerät vermischen.
Den Puderzucker nicht auf einmal, sondern in 3 Portionen nach und nach hinzufügen, dabei zuerst vorsichtig mit einem Schneebesen verrühren (damit ihr nicht über und über mit Puderzucker bestäubt seid). Danach gut mit dem elektrischen Rührgerät vermischen, bis keine Zuckerklümpchen mehr zu sehen sind, und kalt stellen.

Die fertigen Cupcakes 10-15 Minuten auskühlen lassen und auf ein Kuchengitter legen.

Die kalten Cupcakes mit dem Frosting bestreichen.

TIPP

Auf Grund des Frischkäse-Butter-Frostings ist es am besten, wenn ihr die Cupcakes im Kühlschrank aufbewahrt.

Ich
wundere mich
selbst immer darüber,
wo ich nach einem großen
Menü noch Platz für ein Dessert
finde. Diese süßen Augenblicke
des Lebens sollten richtig
zelebriert werden – ich hoffe,
dass diese Rezepte euch einen
wunderbaren Ausklang
eurer Dinner Partys
bescheren.

Sweets

Ein *Trifle* ist die englische Antwort auf ein Tiramisu: ein Schichtdessert auf Basis der englischen Creme mit alkoholgetränktem Biskuit und frischen Früchten. Wenn man jedoch kein fertiges *Custard* verwendet, ist ein *Trifle* sehr aufwendig. Deshalb schummle ich ein bisschen bei der Herstellung und verwende als Ersatz für die Vanillecreme eine Mascarpone-Schlagsahne-Mischung. Und typisch für meine luxemburgischen Wurzeln lasse ich das Biskuit in Mirabellenschnaps ziehen, der in meiner Heimat sehr beliebt ist.

CHEAT'S TRIFLE

EINFACHES TRIFLE

8-10 Personen • Zubereitung 20 Min. • Kühlen 3 h • Einfach

150 g Zucker
50 ml Mirabellenschnaps (oder Grappa)
2 Eier
250 g Mascarpone
400 ml Schlagsahne
1 Päckchen Vanillezucker
80 g Himbeermarmelade
150 g Löffelbiskuits
250 g Himbeeren + eine Handvoll zur Dekoration

50 g Zucker mit 50 ml Wasser in einen kleinen Topf füllen und den Zucker unter Rühren bei mittlerer Hitze auflösen. Den Topf von der Kochstelle nehmen und das Zuckerwasser leicht abkühlen lassen. Den Schnaps hinzufügen, verrühren und beiseitestellen.

Eigelb und Eiweiß trennen. Das Eiweiß mit einem elektrischen Rührgerät steif schlagen.

Das Eigelb mit dem restlichen Zucker schaumig schlagen.
Mascarpone hinzufügen und nochmal rühren.

Schlagsahne und Vanillezucker in eine Schüssel füllen und steif schlagen.

Vorsichtig zwei Drittel der Schlagsahne und den Eischnee unter die Mascarponecreme heben. Die restliche Schlagsahne kalt stellen.

Den Boden einer großen Servierschüssel mit Himbeermarmelade bestreichen.

Den Mirabellensirup in einen tiefen Teller geben. Die Löffelbiskuits zur Hälfte in den Sirup tauchen, sodass sie Flüssigkeit aufsaugen. Anschließend auf der Marmelade verteilen.

Die Hälfte der Himbeeren auf dem Biskuit verteilen und mit der Hälfte der Mascarponecreme bestreichen.

Den Vorgang mit den restlichen Biskuits, den Himbeeren und der Creme wiederholen.

Die Schüssel mit Klarsichtfolie abdecken und das Trifle 3 Stunden im Kühlschrank durchziehen lassen, sodass sich alle Aromen entfalten können.

Vor dem Servieren die restliche Schlagsahne auf dem Trifle verteilen und mit ein paar Himbeeren dekorieren.

Dieses Rezept habe ich von Edouard Speck, den ich auf einer Reise in Indien getroffen habe. Eine Woche lang habe ich einen Film über ihn und sein idyllisches Hotel Presa di Goa gedreht und habe mir jeden Abend diese herrliche Mousse au Chocolat gegönnt. Ich war so begeistert davon, dass Edouard mir das Rezept für mein Buch gegeben hat. Zufälligerweise kommt das Rezept ursprünglich von seiner Freundin Anne, also bleibt das Rezept somit in „Annes Händen“. Ich serviere die Mousse gerne mit *Shortbread*, den traditionellen schottischen Butterkeksen, die sehr gut zu diesem Dessert passen.

CHOCOLATE MOUSSE WITH SHORTBREAD

MOUSSE AU CHOCOLAT MIT SCHOTTISCHEN BUTTERKEKSEN

Mousse au Chocolat: 6 Personen • Zubereitung 20 Min. • Kühlen 3-24 h • Einfach

Butterkekse: Ergibt 20-25 Stück • Zubereitung 15 Min. • Backen 15-20 Min. • Einfach

Für die Mousse au Chocolat:
40 g Butter
250 g Milchschokolade
6 Eier + 2 Eiweiß
eine Prise Salz

Für die Butterkekse:
120 g weiche Butter
50 g Zucker + zum Bestreuen
1 Vanilleschote (nach Wunsch)
180 g Mehl

Für die Mousse au Chocolat Butter und Schokolade in einen Topf geben und unter Rühren bei mittlerer Hitze schmelzen. In eine große Schüssel umfüllen und etwas abkühlen lassen.

Die Eier trennen und die Eigelbe nach und nach zu der geschmolzenen Schokolade geben, dabei kräftig umrühren, damit das Eigelb nicht gerinnt.

Das Eiweiß in eine separate Schüssel geben, eine Prise Salz hinzufügen und steif schlagen.

Einen Löffel Eischnee zu der Schokolade geben und verrühren, sodass die Schokolade etwas flüssiger wird. Jetzt den restlichen Eischnee in drei Teilen mit einem Silikon- oder Holzlöffel vorsichtig unterheben. Die Mousse soll eine leichte Konsistenz haben, also nicht zu stark verrühren.

Wenn das Eiweiß eingearbeitet ist, die Mousse in kleine Schalen füllen, mit Klarsichtfolie abdecken und mindestens 3 Stunden oder über Nach kalt stellen.

Für die Butterkekse den Ofen auf 170 °C Umluft vorheizen.

Butter und Zucker in eine Schüssel geben und mit einem elektrischen Rührgerät schaumig schlagen. Das Mark aus der Vanilleschote kratzen, zu der Butter geben und verrühren.

Das Mehl hinzufügen und so lange mit dem Rührgerät schlagen, bis der Teig krümelig wird. Nun den Teig mit den Händen gut verkneten. Zuerst wird der Teig sehr krümelig sein, aber durch das Kneten wird er glatt.

CHOCOLATE MOUSSE WITH SHORTBREAD

Den Teig auf einer bemehlten Fläche 1 cm dick ausrollen und in Rechtecke schneiden. Mit einer Gabel in jedes Rechteck ein paar Mal einstechen, um den Keksen ihr typisches Aussehen zu verleihen.

Ein Blech mit Backpapier auslegen, die Kekse darauf legen und mit Zucker bestreuen.

Das Shortbread 15-20 Minuten goldbraun backen und dann zum Auskühlen auf ein Kuchengitter legen.

TIPP

Lasst die Schokolade nicht in der Mikrowelle schmelzen, denn sonst könnte sie karamellisieren und das würde die Mousse au Chocolat klumpig machen.

Ich benutze gerne eine Vanilleschote, allerdings wird das traditionelle *Shortbread* ohne Vanille zubereitet.

Als ich das erste Mal von diesem Dessert gehört habe, musste ich lachen – was für ein lustiger Name für so einen tollen Nachtisch. Es ist ein sehr altmodisches Dessert, was bis ins 16. Jahrhundert zurückgeht, und es erinnert mich ein bisschen an ein französisches Sabayon – aber ohne Eier. Luftige, süße, mit Wein aromatisierte Schlagsahne auf duftenden Äpfeln, bestreut mit knusprigen Ingwerkeksen, macht meine Interpretation dieses englischen Klassikers zu einem richtigen Wintererlebnis.

APPLE CINNAMON SYLLABUB

APFEL-ZIMT-SYLLABUB

4 Personen • Zubereitung 30 Min. • Garen 15 Min. • Kühlen 30 Min. • Einfach

Für das Kompott:
4 kleine Äpfel (Jonagold)
4 EL Apfelsaft
6 TL Zucker
1 TL Zimt

Für die Creme:
30 g Zucker
1 Päckchen Vanillezucker oder 1 TL Vanillearoma
100 ml Süßwein (Moscatel, Sauternes)
200 ml Schlagsahne

4 Ingwerkekse oder Spekulatius

Zuerst das Kompott zubereiten. Die Äpfel schälen, das Gehäuse entfernen, vierteln und in kleine Würfel schneiden. Äpfel, Apfelsaft, Zucker und Zimt in einen Topf geben und 10 Minuten köcheln lassen, bis die Äpfel weich, aber nicht verkocht sind. Das Kompott abkühlen lassen.

Zucker, Vanillezucker und Wein in einem kleinen Topf zum Kochen bringen, 5 Minuten zu Sirup einköcheln lassen, vom Kochfeld nehmen und abkühlen lassen.

Wenn das Kompott und der Weinsirup abgekühlt sind, kann das Dessert fertiggestellt werden. Dazu die Sahne steif schlagen, den Weinsirup unterheben und alles zu einer geschmeidigen Creme vermengen.

Das Apfelkompott in die Gläser füllen und ein paar Kleckse Schlagsahne darauf geben.

Das Dessert kann im Kühlschrank einen Tag aufbewahrt oder sofort serviert werden.

Vor dem Servieren die Kekse über jede Portion zerkrümeln.

COVENT GARDEN

Mitten im Herzen Londons liegt Covent Garden, ein Stadtteil, der bei jeder London-Tour auf dem Reiseplan steht. Diese Gegend ist bekannt für das berühmte *Royal Opera House* und ein Museum mit Kult-Faktor, das *London Transport Museum*. Vor allem aber die unzähligen Shopping-Möglichkeiten locken große Menschenmassen nach Covent Garden.

Warme Früchte mit Streuseln überbacken; etwas gemütlicheres kann es an einem kalten Tag nicht geben. Bei diesem *Crumble* vermischt sich Saures mit Süßem und Haferflocken sorgen für den richtigen Biss. Anstatt Kirschen und Äpfel sind auch andere Variationen denkbar: Probiert es doch mal mit Äpfeln und Birnen oder vielleicht mit Rhabarber?

CHERRY APPLE CRUMBLE WITH MARZIPAN

KIRSCH-APFEL-CRUMBLE MIT MARZIPAN

4 Personen • Zubereitung 20 Min. • Backen 40 Min. • Einfach

Für die Füllung:
3 Äpfel (Braeburn)
350 g Kirschen, abgetropft (Dose)
80 g Zucker
Saft von ½ Zitrone
1 EL Mehl

Für die Streusel:
80 g kalte Butter
50 g Mehl
50 g Haferflocken
75 g Marzipanrohmasse

Die Äpfel schälen, das Gehäuse entfernen und in mundgerechte Stücke schneiden. Äpfel und Kirschen in eine Schüssel geben, mit Zucker und Zitronensaft vermischen und beiseitestellen.

Den Ofen auf 180 °C Umluft vorheizen.

Für die Streusel die Butter in kleine Würfel schneiden und in eine Schüssel geben. Das Mehl hinzufügen und alles mit den Händen vermischen und zu Streuseln zerreiben. Das Marzipan in kleine Würfel schneiden und mit den Haferflocken ebenfalls in die Schüssel geben und zu krümeligen Streuseln vermischen.

Die Flüssigkeit der Äpfel und Kirschen abtropfen lassen und die Früchte mit 1 EL Mehl vermischen. In vier gefettete feuerfeste Schalen verteilen. Die Streusel darüber geben.

Die Crumble-Schälchen 40 Minuten backen.

Mit selbstgemachter Vanillesauce (Seite 245) oder Vanilleeis servieren.

Custard ist im Englischen ein Überbegriff für eine Creme mit Vanille: Vanillesauce, Vanillepudding, Eiercreme und englische Creme. Es passt perfekt zu Streuselkuchen oder süßen Aufläufen. Die Versuchung, fertig gekaufte Vanillecreme zu verwenden, ist sehr groß, aber die selbstgemachte Version schmeckt so viel besser. Trotzdem eine kleine Warnung: Die Zubereitung ist etwas knifflig. Das Wichtigste ist, dem *Custard* nicht zu viel Hitze zuzuführen, denn sonst gibt es schnell Rührei. Also immer dran denken: Niedrige Temperatur, Geduld und ständiges Rühren.

HOMEMADE CUSTARD

SELBSTGEMACHTES CUSTARD

4 Personen • Zubereitung 20 Min. • Braucht etwas Übung

100 ml Milch
150 ml Sahne
1 Vanilleschote
3 Eigelb
3 EL Zucker

Milch und Sahne in einen Topf geben. Die Vanilleschote längs aufschlitzen und in den Topf geben. Die Flüssigkeit erhitzen, sodass sie fast kocht. Vom Kochfeld nehmen und die Vanilleschote entfernen, dabei das restliche Vanillemark herauskratzen.

Eigelb und Zucker in einer Schüssel mit einem Schneebesen aufschlagen.
Die warme Milch-Mischung in einem dünnen, gleichmäßigen Strahl über die Eimasse gießen, dabei ständig kräftig schlagen, damit die Sauce nicht gerinnt.
Wenn alles untergerührt ist, die Mischung zurück in den Topf schütten.

Den Topf wieder auf mittlerer Temperatur erhitzen (oder die Sauce im Wasserbad erhitzen) und unter ständigem Rühren leicht eindicken lassen. Das kann 5 Minuten dauern. Unbedingt darauf achten, dass die Sauce nicht kocht.

Wenn die Sauce eingedickt ist, den Topf vom Kochfeld nehmen und in kaltes Wasser stellen, dabei 1 Minute rühren, sodass die Sauce abkühlt.

Die Sauce in ein Kännchen füllen und servieren oder für später mit Klarsichtfolie abdecken.

Wenn ihr ein dickflüssiges Custard bevorzugt, lasst es weitere 10-15 Minuten ruhen.
Es dickt dann automatisch im Kännchen nach.

Im Kühlschrank ist das Custard 3 Tage haltbar.

Es gibt doch nichts Herbstlicheres als einen wunderbaren Apfelkuchen. Leckere Zimtäpfel ummantelt von schönem Teig, das ist der ultimative Genuss. Dazu noch selbstgemachte Vanillesauce (Seite 245) und man vergisst die Welt um sich herum.

RUSTIC APPLE PIE

RUSTIKALER APFELKUCHEN

6 Personen • Zubereitung 30 Min. • Kühlen 1 h • Backen 50 Min. • Etwas aufwendig

Für den Teig:
100 g Puderzucker
50 g gemahlene Mandeln
150 g kalte Butter
1 Vanilleschote
1 Ei
225 g Mehl

Für die Füllung:
5 Äpfel (Cox oder Granny Smith, ca. 500 g)
1 Zitrone
90 g brauner Zucker
1 TL Zimt
¼ TL gemahlener Ingwer
2 EL Mehl
1 Eigelb, verquirlt
1 EL Zucker

Puderzucker und Mandeln in eine Schüssel geben. Die Butter in kleine Stücke schneiden und hinzufügen. So lange mit der Küchenmaschine rühren, bis sich die Butter mit den Zutaten verbindet.

Die Vanilleschote längs aufschlitzen und das Mark herauskratzen.

Vanillemark und Ei hinzufügen und weiter schlagen. Nach und nach das Mehl unterrühren, bis ihr eine relativ feste Teigmasse erhaltet. Mit den Händen den Teig schnell zu einem glatten Teig verkneten, zu einer Kugel formen, in Klarsichtfolie wickeln und mindestens 1 Stunde kühlen. Der Teig ist in diesem Stadium sehr klebrig, wird aber durch das Kühlen einfacher zu verarbeiten sein.

Den Ofen auf 160 °C Umluft vorheizen.

Die Äpfel schälen, das Gehäuse entfernen, in Scheiben schneiden und jede Scheibe halbieren, sodass man ca. 3 cm große Apfelstücke erhält. Die Äpfel in eine Schüssel geben, mit Zitronensaft beträufeln, Zucker, Zimt, Ingwer und Mehl hinzufügen und beiseitestellen.

Den Teig in 2 Portionen aufteilen, die eine Teighälfte etwas größer als die andere. Die größere Teighälfte auf einer bemehlten Fläche ausrollen und eine gebutterte und bemehlte Kuchenform (23 cm ø) damit auslegen. Den Teig mit den Äpfeln belegen. Dann die andere Teighälfte ausrollen und die Äpfel damit bedecken. Den Rand gut andrücken und den überlappenden Teig mit einem Messer abschneiden. Drei Schlitze in den Teigdeckel schneiden, damit der Dampf beim Backen entweichen kann.

Aus dem restlichen Teig kann man kleine Blätter schneiden. Den Teigdeckel mit Eigelb bestreichen, die kleinen Blätter darauf kleben und ebenfalls mit Eigelb bestreichen.

Den Kuchen mit etwas Zucker bestreuen und 50 Minuten backen.

Es gibt kaum eine Dessertkarte in England ohne einen *Sticky Toffee Pudding*.
Dieser Dattelkuchen mit *Treacle-Toffee-Sauce* ist ein äußerst schweres, süßes und klebriges Dessert.
Das Besondere an ihm ist der Rübensirup: ein geschmacklich intensiver und fast schwarzer, raffinierter Zuckersirup. Wenn ihr keinen schwarzen Rübensirup findet, könnt ihr auch Zuckerrübensirup verwenden.

STICKY TOFFEE PUDDING

DATTELKUCHEN MIT KARAMELLSAUCE

10 Personen • Zubereitung 35 Min. • Backen 45 Min. • Einfach

225 g getrocknete Datteln, entsteint
175 ml kochendes Wasser
1 TL Vanillearoma
85 g weiche Butter
140 g Zucker
2 Eier
1 EL Treacle oder Zuckerrübensirup
175 g Mehl
2 ½ TL Backpulver
1 TL Natron
100 ml Milch

Für die Karamellsauce:
175 g brauner Zucker
50 g Butter
225 ml Sahne
1 EL Treacle oder Zuckerrübensirup

Vanilleeis, zum Servieren

Die Datteln in eine Schüssel geben, mit dem kochenden Wasser übergießen und das Vanillearoma hinzufügen. 30 Minuten einweichen lassen.

In der Zwischenzeit den Teig zubereiten. Butter und Zucker mit einem elektrischen Rührgerät schaumig schlagen. Eier und Sirup hinzufügen und weiter aufschlagen.

Mehl, Backpulver und Natron in einer separaten Schüssel mischen. Die Hälfte des Mehls mit einem Löffel unter die Butter mischen. Dann die Hälfte der Milch ebenfalls untermischen. Dann das restliche Mehl und die restliche Milch untermischen.

Den Ofen auf 180 °C Umluft vorheizen.

Wenn die Datteln weich sind, mit der Flüssigkeit im Mixer zu Püree verarbeiten und unter den Teig mischen. Den Teig in eine gefettete Auflaufform (18x26 cm) geben und 45 Minuten backen.

In der Zwischenzeit die Karamellsauce zubereiten. Zucker, Butter, Sirup und die Hälfte der Sahne in einen Topf geben und aufkochen lassen, dabei immer umrühren. Wenn sich der Zucker aufgelöst hat, 2-3 Minuten weiter köcheln lassen, bis die Sauce eindickt.

Vom Kochfeld nehmen und die restliche Sahne einrühren.

Den Kuchen aus dem Ofen nehmen und 5 Minuten abkühlen lassen.

In Quadrate schneiden und mit Karamellsauce beträufeln.

Dazu Vanilleeis servieren.

MALTBY STREET MARKET

Dieser kleine Markt gehört zu den gastronomischen Geheimtipps in London. Jeden Samstag verkaufen lokale Händler frisch zubereitetes *Street Food* unter den Eisenbahnbrücken in Bermondsey. Ihr solltet versuchen, vor Mittag da zu sein, denn die meisten Stände bauen am frühen Nachmittag schon wieder ab.

ROPEWALK

Meine Damen und Herren, darf ich vorstellen: das einfachste Eis der Welt! Ganz ohne Eismaschine. Einfach alle Zutaten vermischen und über Nacht gefrieren. Das Eis ist ein absoluter Publikumsliebling. Und für das gewisse Etwas - ihr ahnt es bereits - verwende ich *Hunnegdrëpp*, einen süßen Honiglikör aus meiner Heimat Luxemburg. Wenn ihr keinen Honigschnaps bekommt, könnt ihr auch Brandy verwenden. Es schmeckt ein wenig anders, aber immer noch wunderbar.

HONEY SCHNAPPS ICE CREAM WITH CASHEW NUT BRITTLE

EISCREME MIT HONIGSCHNAPS UND CASHEWNUSS-KROKANT

10 Personen • Zubereitung 30 Min. • Tiefkühlen 24 h • Einfach

Für das Eis:
4 Eier
eine Prise Salz
180 g Zucker
100 ml Honigschnaps (oder Brandy)
500 ml Sahne

Für das Cashewnuss-Krokant:
80 g Zucker
160 g Cashewnüsse

Für das Eis die Eier in 2 separate Schüsseln trennen. Eine Prise Salz dem Eiweiß hinzufügen und mit einem elektrischen Rührgerät steif schlagen.

Zucker zu dem Eigelb hinzufügen und schaumig schlagen. Den Honigschnaps untermischen. Das steif geschlagene Eiweiß zu dem Eigelb geben, aber noch nicht vermischen.

Die Sahne in die leere Schüssel vom Eiweiß geben und steif schlagen.

Die Schlagsahne zur Eiweiß-Eigelb-Masse geben und mit einem Silikon- oder Holzlöffel vorsichtig unterheben, bis eine glatte Masse entsteht. Nicht zu sehr vermischen, damit es leicht und luftig bleibt.

Die Eiscreme in eine Schüssel umfüllen, mit Alufolie abdecken und über Nacht gefrieren.

Für das Cashewnuss-Krokant Zucker in eine Pfanne geben und bei mittlerer Hitze schmelzen lassen. Nach ca. 1 Minute ist der Zucker flüssig. Eine weitere Minute karamellisieren lassen, dann die Nüsse hinzufügen. Umrühren, sodass die Nüsse komplett mit Karamell bedeckt sind. Die Hitze ausschalten, wenn die Nüsse schön geröstet aussehen und goldbraun sind.

Das Krokant auf Backpapier geben und 15 Minuten abkühlen lassen. Aufpassen: Nicht daran naschen, das Karamell ist noch sehr heiß.

Wenn das Krokant abgekühlt ist, zerbröseln und über das Eis streuen.

TIPP

Ebenfalls wunderbar: Eis mit Mandelkrokant.

Ich liebe dieses wunderbare Sommerdessert mit süßen, saftigen Pfirsichen. Einfach und fantastisch, aber ohne viel Aufwand. Der Alkohol verdunstet beim Backen, zurückbleibt ein herrliches Aroma. Ihr könnt die Pfirsiche frisch aus dem Ofen servieren oder sie abkühlen lassen.

DUO OF BAKED PEACHES

DUO VOM GEBACKENEN PFIRSICH

6 Personen • Zubereitung 5 Min. • Backen 20 Min. • Einfach

- 6 Pfirsiche
- 4 EL Amaretto
- 40 g Marzipan
- 1 EL Mandelplättchen
- 1 EL frisch gehackte Minze
- ein kleines Stück Butter
- 3 EL Weißwein
- 2 TL brauner Zucker
- 1 frischer Rosmarinzweig

Den Ofen auf 180 °C Umluft vorheizen.

Die Pfirsiche waschen und halbieren, den Stein entfernen. Die Pfirsichhälften mit der aufgeschnittenen Seite nach oben in eine Keramikauflaufform legen.

Den Amaretto auf 6 Pfirsichhälften verteilen. Das Marzipan darüber zerbröseln und mit den Mandelplättchen bestreuen.

Je 1 erbsengroßes Stück Butter in die Mitte der anderen 6 Pfirsichhälften geben und den Weißwein darauf verteilen. Mit braunem Zucker und Rosmarinnadeln bestreuen.

Die Pfirsiche 20 Minuten im Ofen backen.

Mit Vanilleeis servieren.

Dieses Dessert trägt seinen Namen zurecht, denn es sieht wirklich wie ein komplettes Chaos – *Mess* - aus ; aber ein unglaublich leckeres Durcheinander! Cremige Schlagsahne mit knusprigem Baiser und sommerlichen Früchten – was für ein Genuss! Es ist ein echter englischer Klassiker, der traditionell anlässlich des jährlichen Cricketspiels am Eton-College serviert wird. Am besten wird es, wenn man die Zutaten erst kurz vor dem Servieren zusammenfügt, da das Baisier dann schön knusprig bleibt.

ETON MESS

ETON MESS

4 Personen • Zubereitung 10 Min. • Backen 2 h • Einfach

Für das Baiser:
2 Eiweiß
100 g Zucker
1 TL Vanillezucker

Für die Creme:
200 ml Schlagsahne
1 TL Vanillezucker
10 g Zucker

20 Himbeeren
12 Erdbeeren

Den Ofen auf 110 °C Umluft vorheizen.

Das Eiweiß in eine Schüssel geben und mit dem elektrischen Rührgerät schlagen, bis es anfängt steif zu werden. Während des Schlagens nach und nach den Zucker hinzufügen. Immer ein paar Löffel auf einmal. Zwischen jeder Zugabe 20-30 Sekunden schlagen. Mit dem Schlagen fortfahren, bis sich der Zucker aufgelöst hat und das Eiweiß steif und glänzend ist.

Gehäufte Löffel Eiweiß auf ein mit Backpapier belegtes Blech geben, so dass sich zwei große Baisers ergeben.

Im Ofen 2 Stunden backen. Dann komplett auskühlen lassen und vom Backblech nehmen.

Für die Creme Sahne und Zucker steif schlagen.

Die Erdbeeren waschen, entkelchen und vierteln.

Einen Löffel Schlagsahne in ein Glas geben und einen Löffel gemischte Früchte darauf verteilen. Das Baiser über die Früchte zerbröseln.
Die Gläser so schichtweise mit den Zutaten befüllen und mit einer Garnierung aus Früchten und Baiser abschließen.

Für das authentische Eton Mess muss das schön geschichtete Dessert komplett durcheinandergemixt werden.

TIPP

Wenn es schnell gehen soll, könnt ihr natürlich auch gekauftes Baiser verwenden oder ihr bereitet es schon im Voraus zu. In einem luftdichten Behälter ist es bis zu einer Woche haltbar.

Was wäre Weihnachten ohne Traditionen? Bei uns gehört die *Bûche de Noël* an Heiligabend zum Familienritual. Meine Großmutter kauft sie gewöhnlich immer in einer luxemburgischen Patisserie, aber in den letzten Jahren habe ich die Herausforderung angenommen und mich selbst daran gewagt. Meine Hommage an die Bûche de Noël! Anstatt Biskuit verwende ich weiches Baiser, welches nach Mont-blanc-Art mit Maronenpüree und Mascarponecreme gefüllt wird. Außerdem noch ein paar karamellisierte Mandeln für den nötigen Crunch und voilà … ein himmlisch festliches Dessert.

CHESTNUT MERINGUE ROULADE

BAISERROLLE MIT MARONEN UND MANDELKROKANT

8-10 Personen • Zubereitung 25 Min. • Backen 20 Min. • Braucht etwas Übung

Für die Baiserplatte:
4 Eiweiß
190 g Zucker
1 TL Vanillearoma
1 TL weißer Essig
1 TL Speisestärke

Für das Mandelkrokant:
60 g Zucker
100 g ganze Mandeln

Für die Füllungen:
1 Eiweiß
350 g Mascarpone
140 g griechischer Joghurt
40 g Zucker
1 Päckchen Vanillezucker oder 1 TL Vanillearoma
400 g süßes Maronenpüree
4 EL Rum
Puderzucker, zum Bestäuben

Zuerst die Baiserplatte herstellen. Den Ofen auf 180 °C Umluft vorheizen. Ein Blech mit Backpapier auslegen und dünn mit Öl bestreichen.

Das Eiweiß steif schlagen. Nach und nach den Zucker einrieseln lassen und weiterschlagen, bis das Eiweiß glänzt. Vanillearoma, Essig und Speisestärke hinzufügen und nochmal schlagen, bis die Masse sehr steif ist.

Den Eischnee gleichmäßig auf dem Blech verstreichen, dabei darauf achten, dass er mindestens 2 cm dick ist. 10 Minuten backen, dann die Hitze auf 150 °C reduzieren und nochmal 10 Minuten backen.

Während das Baiser im Ofen ist, das Mandelkrokant und die Füllungen zubereiten.

Für das Mandelkrokant den Zucker in einer Pfanne bei mittlerer Hitze schmelzen lassen, bis er gelbgold ist. Die Mandeln hinzufügen und mit einem Holzlöffel umrühren, bis alle Mandeln mit Karamell bedeckt sind. 1 Minute weiter erhitzen, bis die Mandeln gold und das Karamell braun werden. Beiseitestellen und abkühlen lassen.

Wenn die Mandeln abgekühlt sind, in einen Plastikbeutel füllen und mit einem Nudelholz grob zerschlagen.

Für die Mascarponecreme das Eiweiß steif schlagen. Mascarpone, griechischen Joghurt, Zucker und Vanillezucker in eine Schüssel geben und verrühren. Den Eischnee unterheben.

Für die Maronencreme das Maronenpüree mit dem Rum in eine Schüssel geben und glatt rühren.

Das Baiser aus dem Ofen nehmen und 5 Minuten abkühlen lassen. Dann die Baiserplatte auf ein neues Stück Backpapier stürzen, das mitgebackene Papier abziehen und das Baiser beiseitestellen.

Die Maronencreme auf die unteren zwei Drittel der Innenseite der Baiserplatte verteilen. Die Mascarponecreme auf die obere Hälfte der Maronencreme verteilen, sodass die Mascarponecreme in der Mitte der Baiserplatte ist. Die Mascarponeschicht mit dem Mandelkrokant bestreuen.

Die Baiserplatte mit der Maronencreme über die Mascarponeschicht falten und das Baiser vorsichtig aufrollen. Es ist normal, dass das Baiser dabei leicht bröckelt.
Die Enden abschneiden. Die Baiserrolle vorsichtig auf eine Servierplatte legen und gleich servieren oder kalt stellen.

Vor dem Servieren mit Puderzucker bestreuen.

TIPP

Baiserplatte, Mandelkrokant und Füllungen lassen sich auch gut morgens vorbereiten. Baiser und Mandeln in der Zwischenzeit am besten kühl und trocken (aber nicht im Kühlschrank) und die Füllungen im Kühlschrank lagern. Kurz vor dem Servieren bestreichen und einrollen.

Mit einer frischen, fruchtigen Füllung macht ihr aus einem Winter- ganz leicht ein Sommerdessert. Ersetzt die Maronencreme durch ein Mango-Pfirsich-Kompott. Dazu 1 Mango und 2 Pfirsiche schälen, in Würfel schneiden und in einem Topf mit 100 ml Weißwein und 1 TL Zimt bei geringer Hitze so lange köcheln lassen, bis sie weich sind. Abkühlen lassen, auf der Mascarponeschicht verteilen und die Baiserplatte aufrollen.

Mal wieder Eigelb übrig? Wie wäre es mit selbstgemachtem *Custard*?

Whittard

Wackelpudding. Die einen lieben ihn, die anderen hassen ihn. Eine schräge Erfindung und auch sehr britisch. An der Uni gab es manchmal *Jelly Shots* auf Partys: kleine Gläser mit Wackelpudding gefüllt und mit Wodka oder anderem Hochprozentigem aufgegossen. Dieses Rezept lehnt sich demnach an Studentenzeiten an – eine Götterspeise für festliche Anlässe oder ein ungewöhnlicher Aperitif für die Weihnachtsfeier.

MULLED WINE JELLY

GLÜHWEIN-WACKELPUDDING

6-8 Personen • Zubereitung 15 Min. • Kühlen 24 h • Einfach

500 ml Rotwein
1 Sternanis
1 Zimtstange
6 Nelken
2 cm frischer Ingwer
1 TL Vanillearoma
150 g Zucker
25 ml Whisky
6 Blätter Gelatine
ein wenig Sonnenblumenöl

Den Wackelpudding am Vortag zubereiten:
Rotwein, Gewürze, Vanillearoma, Zucker und Whisky in einen großen Topf geben und bei mittlerer Hitze 10-15 Minuten ziehen lassen. Dabei ab und zu umrühren, bis sich der Zucker aufgelöst hat. Anschließend vom Kochfeld nehmen.

In der Zwischenzeit die Gelatine 5 Minuten in einer Schüssel mit kaltem Wasser einweichen. Die Blätter ausdrücken und zum Glühwein hinzufügen. So lange umrühren, bis sich die Gelatine vollständig aufgelöst hat.

Eine Puddingschüssel oder eine schöne Backform mit Öl einfetten. Wenn ihr kleine Portionen herstellen möchtet, könnt ihr auch Einweg-Plastikgläser verwenden.
Den warmen Glühwein in die Form sieben, mit Klarsichtfolie abdecken und über Nacht kalt stellen.

Am nächsten Tag:
Um den Wackelpudding aus der Form zu lösen, die Form in warmes Wasser stellen.
Auf keinen Fall kochendes Wasser verwenden, da sonst der Wackelpudding schmilzt.
Die Form einige Minuten im Wasser lassen, bis sich die Ränder leicht lösen. Eine Servierplatte auflegen, das Ganze umdrehen. Anschließend die Form sachte rütteln, damit sich der Pudding löst. Sollte er sich nicht lösen, die Form etwas länger im Wasser lassen.

TIPP

Keine Lust auf Wackelpudding? Einfach die Gelatine weglassen, 100 ml Wasser hinzufügen und ihr habt einen tollen Glühwein.

Alphabetical Summary

INDEX

Danke an ...

Ein großes Dankeschön an Lena und Manuel Schortgen, dass ihr an mein Projekt geglaubt habt und es mir ermöglicht habt, das Buch meiner Träume entwerfen zu können. Ich bin euch unheimlich dankbar für eure Unterstützung.
Philippe Saliba für das schöne Design des Buches.
Eglantine Denis für die vielen neuen Inspirationen zur Gestaltung eines Kochbuchs.
Jonathan Perugia für die umwerfenden Fotos von mir in London.
Ellia White für das tolle Make-up für die Fotos.

Danke auch an ...

Steve Schmit für die Unterstützung zu meiner TV Show Anne's Kitchen auf RTL Télé Lëtzebuerg.
Marc Hoffmann und Pit Maas von Cactus für die Unterstützung meines Projekts.
Ayshea Halliwell, die mir eine unheimlich tolle Partnerin in diesem wahnsinnigen Abenteuer war.
Emma Brumpton, die mich dazu gebracht hat, zu so vielen Rezepten Whisky hinzuzugeben.
Marc Laroche, der immer ein offenes Ohr für mich hatte und mich von Anfang an unterstützt hat.
Katja Behre von Elli Popp (www.ellipopp.com), die die unglaublich tolle Anne's Kitchen Tapete entworfen hat.
Melissa Bakth von Squash Banana (www.squashbanana.co.uk) für das Design meines Logos und die Renovierung meines Blogs.
Tom Scott für seine großartige Nachbarschaftshilfe und seine Unterstützung beim Aufessen meiner Kreationen.
Emma Manton, James Holding, Florence und die kleine Violette für ihre wunderbare Nachbarschaft.
Jael Marschner für ihre Food-Freundschaft.
Guy Dimond, der mich bei Time Out unter seine Fittiche nahm und mir alles zum Thema Food-Journalismus beigebracht hat.
Verena Nickels, die mir in den letzen zehn Jahren ein tolles Versuchskaninchen war.
Carole Kremer für ihre tollen Hinweise zu den Rezepten und dass sie mich immer bei meinen Essens-Abenteuern begleitet.
Genevieve Weston Smith für das Testen einiger Rezepte und das tolle Feedback.
Ina Kaulen für die Beratung in allen Rechtsfragen in diesem großen Projekt.
Bernard Michaux für die vielen Ratschläge bei so manchem Gläschen Wein.
Carlo Sauber, der den Kontakt zum Verlag Schortgen hergestellt hat.

Alle meine Freunde, die sich riesig darüber freuen, auch im Buch zu erscheinen ...

Reetu Rupal, Lawrence Eldridge, Alex Sims, Valentina Ciardulli, Jacintha Verdegaal, Katja Behre, Ayshea Halliwell, Emma Brumpton, Arthur Mulhern, Melissa Bakth, Naomi Lucy und Tom Scott.

Meine wunderbare Anne's Kitchen TV Crew, die indirekt auch mein Buch mit beeinflusst hat ...

Ayshea Halliwell, Emma Brumpton, Arthur Mulhern, Paul Heide, Nathan Snoddy, Jaime James, Ryan Bartley, Luke Richmond, Martina Pavan, William H. Read, Candy Alderson, Hannah Serjeant und Ellia White.

Zu guter Letzt, aber am allerwichtigsten ...

Meine Familie, die mit mir durch dick und dünn gegangen ist! Meine Mutter Malou, die stunden-, tage- und nächtelang Rezepte für mein Buch getestet hat. Mein Vater Marc für seine geschäftlichen Ratschläge und seine Unterstützung. Meine Schwester Christine für ihren unerbittlichen Enthusiasmus bei diesem Projekt, ihre unglaubliche Unterstützung, auch via Skype, und ihre Hilfe als meine persönliche Korrekturleserin. Ihr seid die beste Familie, die man sich wünschen kann.

2/2
1

SLATE
KITCHEN
TAKE
INT/EXT
DAY/NIGHT

© 2013 Editions Schortgen
108, rue de l' Alzette
L- 4010 Esch-sur-Alzette
Luxembourg
editions@schortgen.lu
www.editions-schortgen.lu

Layout und Satz: Schortgen*grafic*
Druck: Schortgen*bookprint*
Übersetzungen & Lektorat:
Editions Schortgen

1. Auflage Oktober 2013
2. Auflage November 2013

ISBN: 978-2-87953-188-5

Anne's Kitchen ®
Texte & Food Fotos: © Anne Faber
London Fotos: © Jonathan Perugia
Make-Up: Ellia White

My London addresses

www.anneskitchen.co.uk